Eigenverlag
C.M. & G. Regenspurger
MEDICUM KEG

Die weiße Magie der Liebe

ein Wegweiser, um überliefertes Wissen für Ihre persönlichen Rituale anwenden zu können. Beschrieben und erzählt von

Christa Maria und Gerhard
Regenspurger

Alle Angaben in diesem Buch beruhen auf persönlichen und überlieferten Erfahrungswerten. Für den Erfolg bzw. die Richtigkeit der Anwendung in jedem Einzelfall können Autoren und Verlag keinerlei Gewähr übernehmen.

Medicum KEG, J.-Haydn-Gasse 33, A-2603 Felixdorf
Tel. 0 26 28/63 731, Fax DW 12
e-mail: medicum@vienna.at
Titelbild: Puppe Denk

Satz, Layout und Gestaltung: Gerhard Regenspurger
Erschienen im Eigenverlag der MEDICUM KEG
1. Auflage 1999

ISBN 3-85066-008-7

Worte zum Titelbild

Die Künstlerin Puppe Denk stellt am Cover bildhaft die Verbindung aller Kräfte der Natur und der Elemente mit der Liebesenergie des Menschen während eines Rituals dar. Sie vermittelt auch bildhaft den Weg in andere Dimensionen. Im Titelbild ist ebenfalls erkennbar, welche Elemente notwendig sind, um Wünsche oder Ziele mit Hilfe der weißen Magie Wirklichkeit werden zu lassen:

„die Natur, ein reines Herz und der Glaube an eine höhere Führung."

Die Künstlerin Puppe Denk

geboren in Wien am 6. 12. 1962

Puppe Denk lebt seit 1993 in Steinbrunn/Burgenland, umgeben von einer natürlichen Landschaft, die sie inspiriert. Sie malt in verschiedensten Stilrichtungen, verwendet die unterschiedlichsten Materialien für ihre Kunstwerke und hat dabei Freude am Experimentieren. Ihre Intuition und die Umgebung, in der sie lebt, sind die Quelle ihres Schaffens. In der derzeitigen Epoche der Künstlerin Puppe Denk sind ***archaische Bilder*** die Ausdrucksform ihrer Emotionen.

Nachdem sie bereits vier eigene Geschäfte zum Erfolg geführt hatte, stellte sie fest, daß sie diese Tätigkeit nicht erfüllen konnte. Nach der Schließung ihrer Geschäfte plante sie mehrere Reisen. Vor dem Antritt der ersten Reise malte sie ein Bild – aus dem einen wurden fünfzehn Bilder. Die Motivation dafür waren die positiven Aussagen der Betrachter ihrer Bilder, welche sie letztendlich auch davon überzeugen konnten, weiterzumalen.
Ihren endgültigen Weg zur Kunst fand Puppe Denk in Afrika, wo sie 12 Jahre lebte, die Menschen und deren Kultur sowie Spiritualität in ihr Weltbild aufnahm. Bei Kunstkennern sind ihre Werke durch zahlreiche Ausstellungen seit 1990 ein Begriff und sehr begehrt.

Worte zur weißen Magie!

Viele Jahre habe ich das Wissen um die weiße Magie und die dazugehörigen Rituale und Gepflogenheiten ausschließlich für mich und meine Familie angewandt und gelebt.

Die weiße Magie ist ein natürlicher Teil meines Lebens als Medium, ich bin damit aufgewachsen und habe diesen Teil meines Lebens immer im Stillen gelebt.

Als ich vor einigen Jahren immer wieder von meinen Kundinnen, die mich aufsuchen, um einen Blick in die Zukunft zu werfen, auf die weiße Magie angesprochen wurde, begann ich mein Wissen interessierten Menschen zur Verfügung zu stellen.

Natürlich wurde mir auch von den Damen so manche negative Erfahrung mit Menschen berichtet, die ihre magischen Dienste zu beträchtlichen Honoraren anbieten. Dies war für mich ein zusätzlicher Grund, in Vorträgen und schließlich auch mit diesem Buch einen Beitrag dazu zu leisten, daß weiße Magie nicht falsch angewendet wird. Es ist menschlich nur zu verständlich, daß man in verzweifelten Situationen jede nur erdenkliche Hilfe in Anspruch nimmt. Es ist aber moralisch und ethisch nicht in Ordnung, magische Handlungen so darzustellen, als ob man sich Glück erkaufen könnte.

Daher sei zu Beginn dieses Buches gesagt:

Weiße Magie ist die Magie der Liebe und des Lichtes!
Weiße Magie darf niemals für Geld angewendet werden!
Weiße Magie wirkt durch die Liebe des Menschen, der sie anwendet!

Dies bedeutet, daß jeder Mensch, der Liebe im Herzen hat und alle in diesem Buch beschriebenen Regeln beachtet, die Rituale erfolgreich für sich anwenden kann, ohne besondere Fähigkeiten zu besitzen.

Ich würde mich freuen, wenn Sie das eine oder andere, das Sie in diesem Buch finden, in Ihr Leben einfließen lassen, es muß ja nicht immer eine schwierige Situation Anlaß sein, um ein Ritual durchzuführen. Die weiße Magie hat auch durchaus charmante, bezaubernde, ja auch lustvolle Seiten, die Sie ebenfalls nachlesen können.

In jeder Frau lebt schließlich der Instinkt und die Kraft einer liebenden Magierin. Das richtige Kräutlein, der Stand des Mondes, Kerzen und einige kleine Geheimnisse zur rechten Zeit angewendet, haben seit eh und je so manchen Mann verhext. Es ist erlaubt, wenn das Herz rein ist und der Glaube gefestigt und niemandem dabei geschadet wird.

Finden Sie also in diesem Buch einen Wegweiser für Glück, Erfolg, Liebe, Frieden und Harmonie mit Hilfe der weißen Magie.

Christa Maria Regenspurger

Gewidmet ist dieses Buch allen Frauen,
die durch ihre Liebe die Magie des Lichtes weiterleben lassen.

Inhaltsverzeichnis

Wissenswertes über die Anwendung der weißen Magie

Bausteine für Ihre Rituale der weißen Magie

Rituale für die Seele

Die schönsten Liebesrituale

Die Hexenküche

Überlieferte Rituale für Schutz, Glück und Erfolg

Talismane und magische Helfer für erfolgreiche Tage und zauberhafte Nächte

Das große Jahresabschlußritual

Wissenswertes über die Anwendung der weißen Magie

Voraussetzungen für eine erfolgreiche Anwendung der weißen Magie!

In der Magie gibt es ein paar essentielle Bausteine, die von Bedeutung sind. Der Rest sind nur Zutaten, welche die Wirkung der einzelnen Rituale verstärken. Aus diesem Grund ist es auch nicht weiter schlimm, die Zugaben zu variieren. Die persönlichen Voraussetzungen sollten jedoch ausnahmslos erfüllt werden können.

Sie sollten die Magie nicht als einfaches Werkzeug betrachten, sondern sie auch in Ihr Leben einfließen lassen. Schon das Sammeln und Trocknen der verwendeten Kräuter und Blüten wird Ihnen Freude bereiten und den Erfolg Ihrer Rituale unterstützen. Wie bei allem im Leben sollten Sie auch bei der weißen Magie nicht übertreiben. Der Zeitpunkt des Rituals hängt in erster Linie von Ihrer inneren Verfassung ab. Ich möchte Ihnen daher die nachfolgend beschriebenen persönlichen Voraussetzungen sehr ans Herz legen.

Frei von Furcht sein

Niemals wird ein Ritual gelingen, wenn Sie Angst vor den rituellen Handlungen oder den Folgen haben, die Sie bewirken wollen. Bedingt durch Ihre energetische Öffnung kommen verdrängte Belastungen in Ihnen hoch. Diese sollten vor dem Ritual zumindest geordnet, wenn nicht gelöst werden. Schon bei den ersten Schritten zum Ritual werden Energien spürbar, ja es können auch Bilder und Emotionen in Ihnen aufsteigen. Der mentale Kontakt zu höheren Wesenheiten ist ebenfalls möglich. Auch Ängste anderer Art, die Ihre Psyche belasten, würden Ihren Energiefluß blockieren und die benötigten Kräfte für ein erfolgreiches Ritual behindern. Befreien Sie sich daher von Furcht und Angst, die Ihre Seele und Ihr Herz überschatten. Überprüfen Sie deshalb vor jedem Ritual Ihre Ängste. Fassen Sie Vertrauen, die weiße Magie anwenden zu können, und geben Sie sich mit offenem Herzen dieser Dimension hin.

Bereit sein für das gewollte Ziel

Bevor Sie ein Ritual durchführen, überdenken Sie bitte, ob Sie schon bereit sind, die gewünschte Situation in Ihrem derzeitigen Leben auch zu bewältigen. Es gibt zwar in der spirituellen Welt keinen Zeitbegriff, aber es kann durchaus sein, daß Ihr Ritual schon nach kurzer Zeit Wirkung zeigt und Sie überfordert wären. Folge davon wäre, daß Sie Schönes, welches mit viel Mühe und Kraft erreicht wurde, vielleicht wieder verlieren oder nicht glücklich damit sind. Sie sollten den Wunsch, den Sie beim Ritual aussprechen, mit jeder Faser Ihres Herzens wollen! Beachten Sie dies bei Ritualen mit dem Ziel ewiger Bindung, denn diese gehen sogar über Ihr irdisches Leben hinaus!
Es heißt:

„Drum prüfe, wer sich ewig bindet!“

Keine negativen Ambitionen

Wollen Sie einen Menschen aus reinem Besitzdenken oder Machtstreben heraus besitzen, ohne ihn zu lieben, wird kein Ritual Wirkung haben und Ihre negativ ausgesandte Energie in verstärkter Form auf Sie zurückfallen. Wollen Sie materiellen Reichtum erwirken, ohne die menschliche Größe und Seelenreife dafür zu besitzen, wird Ihre Magie ebenfalls keine Wirkung zeigen. Ist es Ihr Bestreben, Menschen zu trennen, die im Grunde liebende Partner sind, nur um einen Gefährten für sich zu gewinnen, wird Ihnen das ebenfalls zum Schaden gereichen.

Glaube und Selbstwert

Ihr Glaube an die Wirksamkeit der weißen Magie, an eine höhere Macht und die Kraft der Elemente und Helfer (Kräuter, Licht, Öle ...) sind eine wichtige Voraussetzung für den Erfolg Ihrer Handlungen. Ebenso die Überzeugung und der Glaube, ja der feste Wille, daß Ihnen zusteht, was Sie bewirken werden. Ein Ritual, das zum Beispiel bewirken soll, daß Ihnen Geld zufließt, wird keine Wirkung haben, wenn Sie in Ihrem Innersten davon überzeugt sind, daß Ihnen ein Leben voll Glanz und materiellen Werten gar nicht zusteht oder Sie nicht dazu geboren sind. Ein Liebesritual bleibt immer wirkungslos, wenn Sie die wahre Liebe selbst nicht fühlen können.

Frei von Schattenseiten in Ihrer Seele sein

Zu diesem Punkt möchte ich nur jedem, der das Wissen in diesem Buch anwendet, ans Herz legen, in sich zu gehen und zu überdenken, welche Schattenseiten er in sich trägt, und diese in Zukunft aus seinem Leben zu verbannen. Aufrichtigkeit, Seelenreife und ein guter Charakter sind eine außerordentlich wichtige Grundlage.

Liebe

Reine, wahre Liebe fühlen und senden zu können ist die stärkste Energieform und wird Sie zum Erfolg führen. Sich in Liebe fallen lassen zu können wird Ihnen in der Welt der Magie eine positive Macht schenken, die Sie in eine Dimension führt, die zwischen den Welten existiert und in der die Vorstellung zur Wirklichkeit gelangt. Eine Macht voll Liebe, mit der Ihnen die Kraft geschenkt wird, ein Leben in Glück und Harmonie zu gestalten und Wünsche zu Wirklichkeit werden zu lassen.

Ein klarer Geist und Vorstellungskraft

Wie soll etwas wirklich werden, wenn Sie es nicht definieren können oder Sie es mit Ihrem geistigen Auge nicht in Gestalt und Form vor sich sehen können. Klären Sie daher Verwirrungen und Unklarheiten, die Sie geistig beschäftigen. Gestalten und bestimmen Sie Ihr Ziel vor einem Ritual konkret, indem Sie erst nach einer Situationsanalyse Ihren Wunsch gedanklich festhalten. Schulen Sie Ihre Vorstellungskraft und Ihre natürliche Spiritualität. Jeder Mensch kann fühlen, was ist, was sein wird, und somit gewisse Vorahnungen wahrnehmen. Mit dem Mutterinstinkt Gefahren für das Kind erahnen, auf den Partner zukommende Bedrohungen spüren, aber auch mit ihm Vorfreude empfinden können: Dies sind schon Erscheinungen, wenn auch geringe, einer natürlichen Spiritualität.

Hilfsmittel sind zwar nützlich und erforderlich, aber

„Die Liebe und der Geist wirken die Magie!"

Ein Ritual ist eine spirituelle Handlung, die in verändertem Bewußtseinszustand vorgenommen wird, der uns hilft, verschiedene positive Energien zu verbinden, um Veränderungen zu bewirken. Ohne Vorstellungskraft ist dies nicht möglich.

Entspannung

Nur in einem Zustand, in dem Geist und Körper entspannt sind, können Energien ungehindert in Sie einströmen und ohne Verkrampfung auf einem bestimmten Punkt gesammelt werden. Ebenso ist es nur in einem entspannten Zustand möglich, diese Energien fließend ohne Blockaden, welche Kraft nehmen, auszusenden. Es gibt viele verschiedene Möglichkeiten von Entspannungsübungen.

Hier ein Beispiel dazu, in dem Sie bitte versuchen, gedanklich den Worten in den Textzeilen zu folgen:

Es ist Sommer, die Sonne scheint, Sie fühlen die Wärme der Sonnenstrahlen auf der Haut. Sie spazieren im Freien in der Natur und kommen zu einem Feld voll von Sonnenblumen, die in höchster Blüte stehen. Wählen Sie sich eine dieser Sonnenblumen mit einem besonders goldenen, kraftvollen Leuchten aus und sehen Sie, wie sich diese Sonnenblume zu Ihnen hinneigt und zu Boden legt. Ihre Blüte wird größer und größer, und sie wendet sich Ihnen einladend zu, fast als ob sie Ihnen sagen wollte: „Entspanne dich, laß dich fallen, in meine Mitte". Sie folgen den unhörbaren Worten der Blüte, die nur zu fühlen sind und die Sehnsucht nach Geborgenheit und Entspannung auslösen. Jetzt legen Sie sich in die Mitte der Blüte und empfinden Ruhe. Die Blütenblätter erscheinen Ihnen wie warme Lichtstrahlen, die in Ihren Körper einfließen, ihn entspannen, Verkrampfungen lösen und auch aus Ihrer Seele Schatten vertreiben. Atmen Sie einige Male tief durch, die klare, reine Luft dieses herrlichen Sommertages. Die Sonnenblume beginnt sich langsam aufzurichten und bringt Sie höher und höher, näher zum Himmel. Alle Belastungen des Alltags bleiben am Boden zurück. In voller Größe aufgerichtet, liegen Sie nun auf der Blüte und spüren in sich die Freiheit, die Weite dieser Welt. Halten Sie diese Emotion und die Bilder der Situation, in der Sie sich in Ihrer Vorstellungskraft befinden, einige Sekunden fest. So entspannt können Sie nun mit den Vorbereitungen für Ihr Ritual beginnen.

Konzentration

Bei allen Ritualen ist die Fähigkeit, sich auf einen bestimmten Punkt beziehungsweise ein Thema konzentrieren und das gewünschte Ziel über einen bestimmten Zeitraum visualisieren zu können, wichtig. Die Dauer eines Rituals hat keinen Einfluß auf die Wirksamkeit, jedoch bedarf es der völligen Entspannung vor Beginn einer Zeremonie, um die erforderliche Konzentration aufzubringen. Konzentrationsfähigkeit ist durch verschiedene Übungen leicht aufzubauen.

Ein Beispiel für eine Konzentrationsübung

Suchen Sie sich einen ungestörten Platz. Setzen Sie sich bequem hin und entzünden Sie eine Kerze. Blicken Sie in die Flamme der Kerze und denken Sie nur an die weiße, reine Flamme. Verscheuchen Sie andere Gedanken, die sich bei Ihnen einschleichen möchten. Versuchen Sie zu Beginn der Übung eine Dauer von fünf Minuten zu erreichen, in denen Sie klar und befreit im Geist sind. Diese Übung hilft Ihre Energien auf einen Punkt zu fokussieren. Mit der Steigerung Ihrer Konzentrationsfähigkeit können Sie die Dauer der Übung nach eigenem Ermessen noch verlängern.

Kraft

Oft stehen wir mitten in Lebenssituationen, die uns unserer Lebenskräfte berauben, und wir fühlen uns zu energielos und ausgelaugt, um eine magische Handlung durchzuführen. Es bedarf aber, wie wir bereits wissen, eines enormen gezielten Energieeinsatzes, um einen Zauber zu wirken. Das ist aber kein Hindernis, sich in solchen Situationen der weißen Magie nicht zu bedienen. Wie Sie sich mit kosmischer Energie aufladen und diese in sich bewahren können, ist auf Seite 23 beschrieben. Diese Übung kann natürlich auch für andere Gelegenheiten, wenn Sie sich kraftlos fühlen, angewendet werden.

Bereit sein zu schweigen

Ein nicht unwesentlicher Punkt, um mit Ihren Ritualen Erfolg zu erzielen, ist die Bereitschaft, darüber zu schweigen.

Dies ist ein spirituelles Gesetz, das mir schon als Kind von meiner Großmutter nahegebracht wurde, und zwar mit den Worten:

„Was mit dem Herzen bewirkt wird,
hat auf den Lippen keinen Platz!"

Ich habe mich an diese Worte immer gehalten und so vermieden, daß Fremdeinflüsse meine Kraft schmälern oder jemals meinen Glauben an die Macht der Magie erschüttern konnten. Außerdem besteht die Gefahr, daß Positives sich ins Negative wandelt.

Bereit sein, Opfer zu bringen

In verschiedenen Ritualen ist es gefordert, ein persönliches Opfer als Zeichen des Dankes und der Demut vor der göttlichen Macht, die wir um Hilfe anrufen, zu bringen. Die Gestalt des Opfers wird nicht mehr in der ursprünglichen Form, sondern unserer Zeit entsprechend ausgewählt. Ihr Opfer sollte eine Handlung, ein Verzicht auf etwas, was Sie gerne tun oder genießen beziehungsweise ein Gegenstand sein, von dem Sie sich schwer trennen. Eine Spende, mit der Sie Ihre Nächstenliebe unter Beweis stellen, ist zwar lobenswert, aber kein Opfer, wenn Sie sich zum Beispiel die gespendete Summe ohne wesentlichen Verzicht leisten können. Wirkungsvoller als materielle Opfer sind persönliche Opfer. Eine Freundin von mir, die nie einen Schritt zu Fuß ging, wählte als Opfer, in diesem Jahr auf ihr Auto zu verzichten und statt dessen täglich 5 Kilometer zu Fuß zur Arbeit zu gehen. Sie hat ihr Versprechen gehalten, und ihr Wunsch erfüllte sich innerhalb eines Jahres.

Der Verzicht auf eine Lieblingsspeise, nach der man süchtig ist, stellt oft ein größeres Opfer dar als der Griff zur Geldbörse. Ich bin mir sicher, daß auch Sie nach reiflicher Überlegung das passende Opfer für Ihr Ritual finden werden.

„Beachtest Du die spirituellen Gesetze,
hast Du auf ewig die Macht einer Hexe!“

Dies war oft der Ausspruch meiner Großmutter, während Sie versuchte, meine noch kindliche Neugierde auf alles für mich damals sehr Geheimnisvolle in ihrem Haus und Garten zu stillen. Bevor ich jedoch erfahren durfte, welche Kräuter wofür verwendet wurden, mußte ich lernen, die zuvor angeführten persönlichen Voraussetzungen auch schon als Kind zu erfüllen und zu verstehen.

Was ist zu beachten, wenn mit weißer Magie das Verhalten einer Person oder ihre Lebensumstände verändert werden sollen?

Um ein wirkungsvolles Ritual selbst zusammenstellen zu können, bedarf es wichtiger Grundinformationen über den Partner:

1) Um die Kraft der Elemente einsetzen zu können, gilt es immer, geschickt herauszufinden, zu welchem Element er den meisten Zugang hat. Nicht immer harmoniert die betreffende Person mit dem Element seines Sternzeichens. Finden Sie daher heraus, welches von Sonne, Erde, Wasser, Wind seines ist.
   Ist es unmöglich, das Element der betreffenden Person herauszufinden, setzen Sie ein Symbol Ihres eigenen Elementes ein. Es sollte aber bei jedem Ritual auf jeden Fall ein Symbol wie im Kapitel „Bausteine der weißen Magie“ beschrieben verwendet werden.

2) Dann benötigen Sie einen persönlichen Gegenstand, der berührt, getragen oder von Ihrem Liebsten beschrieben wurde. Zum Beispiel: ein Stoffstück von einem oftmals getragenen Kleidungsstück, ein Schmuckstück, ein möglichst für Sie handgeschriebener Brief, etwas von seinem Körper (eine Haarsträhne, Barthaare). Diese Gegenstände werden je nach Ritual verbrannt, vergraben oder in einem Talismansäckchen aufbewahrt.

3) Zudem brauchen Sie noch etwas Gebrachtes. Wie Sie im Kapitel „Liebesrituale“ nachlesen können, werden etwa Kastanien und Blüten verwendet, die am wirkungsvollsten sind, wenn sie der Geliebte sammelt und Ihnen bringt. Es empfiehlt sich auch, Rosen oder andere für Rituale geeignete Blumen, die Sie von ihm geschenkt bekommen, zu trocknen und aufzubewahren, um sie später in einem Ritual verwenden zu können. Eine umsichtige Hexe veranlaßt ihren Geliebten schon in der Anfangszeit ihrer Beziehung, ihr so manches Präsent aus der Natur als Liebesgruß

mitzubringen. Auch hübsche Steine, in der Natur gesammelt, werden später wertvolle Helfer bei ihren Liebesritualen. Solche aus einem Fluß können später Schatten, die auf ihrer Beziehung lasten, durch ein Ritual in sich sammeln, und werden damit behaftet wieder dem Fluß übergeben, aus dem sie stammen. In weiser Voraussicht wird eine richtige Magierin frühzeitig ihrem Geliebten einen Rosenquarz, Bergkristall oder anderen Stein als Liebespfand übergeben. Sie wird ihn zurückfordern, wenn der Verlauf der Beziehung oder das Verhalten ihres Partners ihren Erwartungen nicht mehr entspricht. Liebe und das von ihm getragene Pfand wird ihr in einem Bindungsritual Macht geben.

4) Kenntnis seiner persönlichen Stärken und Schwächen, um die richtige Reihenfolge der Rituale finden zu können. Für manche Ziele bedarf es mehrerer verschiedener Rituale. Fehlt einem Menschen Kraft, um sich aus einer unglücklichen Verbindung lösen zu können, ist ein Ritual, in welchem ein energetischer Aufbau für ihn bewirkt wird, der richtige Beginn. Wenig Sinn hätte es, sofort mit einem Trennungsritual Einfluß auf sein Leben zu nehmen.

Wichtiges zum Thema Zeit

Ein konkreter Zeitpunkt ist auch in der weißen Magie für die Realisierung eines Zieles nicht bestimmbar. Sie werden in der Praxis feststellen, daß Ihr Ritual oft schon nach kurzer Zeit überraschend schnell Wirkung zeigt. Besonders häufig konnte ich beobachten, daß dieses Phänomen sich zeigt, wenn ich in Ritualen für mir nahestehende Menschen eine Verbesserung ihrer Lebenssituation erwirken will.
Ein auch durchaus interessanter Erfahrungswert wurde bei den Jahresabschlußritualen festgestellt, deren Inhalt es ist, für das folgende Jahr Ziele und Wünsche mit Hilfe der Magie zu verwirklichen. Das Jahr war nicht im Sinne von zwölf Monaten zu verstehen, sondern als Epoche, die wenige Monate, aber auch über ein Kalenderjahr hinaus dauern kann. Rituale, die Sie in höchster psychischer oder

materieller Not durchführen, werden aber sicher binnen kurzer Zeit Wirkung zeigen. Voraussetzung dafür ist natürlich die richtige Zusammenstellung der magischen Zeremonie. Erwähnenswert ist auch, daß es Rituale gibt, die sich auf ein Ziel innerhalb eines Mondzyklus konzentrieren und eine Ausnahme bilden. Durch Wiederholen eines Rituals wird auf keinen Fall die Wirkung verstärkt oder der Zeitpunkt der Erfüllung Ihres Wunsches verkürzt werden können. In Überzeugung Ihres Könnens in der weißen Magie und im Vertrauen auf das Wirken der höheren Mächte ist Zeit kein Thema.

Tips und Hinweise zur richtigen Vorbereitung der Ingredienzien und Hilfsmittel!

Der magische Kreis, in dem Sie Ihre Zeremonie durchführen, darf niemals von einer anderen Person betreten werden.
Alle Hilfsmittel, Blüten, Kräuter, Steine und anderes, was Sie für Ihre Zeremonie benötigen, darf nach deren energetischen Reinigung von keinem außer Ihnen berührt werden.
Verwenden Sie immer einen gespitzten Zweig vom selben Baum oder Strauch, der Ihr magischer Stab wird und in einer Vollmondnacht gebrochen werden soll, zum Einritzen Ihrer Botschaften in die benötigten Kerzen.

Vergessen Sie niemals, sich für die Gaben der Natur zu bedanken, wenn Sie Ihre Kräuter, Zweige etc. sammeln.

Die Überlieferung sagt:

„Die Frucht, den Ast, das Blatt, bis zur Wurzel hin darfst Du nehmen.
Deine Hände sollen aber der Erde neuen Samen, neues Leben geben!"

Um dem gerecht zu werden und unsere Demut vor der Schöpfung zum Ausdruck zu bringen, setzen wir Pflanzen oder streuen wir Samen, nachdem wir ernten. Es ist dabei ohne Bedeutung, ob der Ort der Ernte mit dem Ort der Bepflanzung identisch ist.
Bewahren Sie die Zutaten aus der Natur, die Sie für Ihre Rituale benötigen, immer in Behältern, die aus Holz oder Porzellan bestehen, auf.

Alle einmal für ein Ritual verwendeten Gegenstände dürfen nicht für andere Zwecke verwendet werden und müssen sofort nach der Zeremonie in gereinigtem Zustand wieder aufbewahrt werden. Ausnahme ist, wenn Ihr Ritual eine Übergabe dieser Gegenstände als Abschluß beinhaltet.

Der Ort, an dem Sie Ihre spirituelle Ausstattung aufbewahren, sollte für niemand anderen zugänglich sein.

Verwenden Sie nur qualitativ hochwertige Materialien. Dies gilt im besonderen bei der Verwendung von Ölen, deren es auch viele synthetische am Markt gibt, die für magische Zwecke nicht geeignet sind.

Laden Sie Steine, Kerzen und auch Ihren magischen Stab regelmäßig in einer Neumondnacht mit kosmischer Energie auf. Dies geschieht, indem Sie die Gegenstände in das Mondlicht legen.
Sammeln Sie Persönliches, Gebrachtes und ähnliches von geliebten oder für Sie wichtigen Personen für spätere Rituale. Bewahren Sie diese getrennt voneinander, mit einem Foto der betreffenden Person, auf.
Verleihen Sie niemals Ihre spirituellen Hilfsmittel, sie zu verschenken ist jedoch erlaubt.
Nähen Sie bitte selbst die Leder- oder Baumwollsäckchen, die Sie für Talismane verwenden. Sorgen Sie dafür, daß Sie eine gewisse Mindestgrundausstattung an Zutaten immer zu Hause haben, um in Ruhe auch außerplanmäßige Rituale zelebrieren zu können.

Mögliche persönliche Begleiterscheinungen nach einem Ritual

Jedes Ritual bedarf großer Konzentration und Hingabe sowie eines enormen Energieeinsatzes. Besonders stark ist dies bei Ritualen, die sich mit Themen wie Befreiung von Besetzungen oder negativen Erlebnissen aus der Vergangenheit auseinandersetzen und die daraus entstandenen psychischen Belastungen auflösen sollen. Es ist mir daher ein Anliegen, Sie auf mögliche psychische und physische Begleiterscheinungen und kurzfristige Folgen aufmerksam zu machen sowie Ihnen das richtige Wissen mit auf den Weg zu geben, diese möglichen Begleitumstände in den Griff zu bekommen. Die angeführten Informationen sind persönliche Erfahrungswerte und gründen sich auch auf zahlreiche Rückmeldungen von Kunden, die solche oder ähnliche Reaktionen durchlebt haben; ihre Rituale waren jedoch erfolgreich. Sie sollen durch ihre Darstellung nicht verängstigt werden, sie soll Ihnen vielmehr helfen, eine Zeitplanung für Ihr Ritual festzulegen. Planen Sie genügend Zeit für sich nach dem Ritual zur Entspannung und für einen ausgedehnten Schlaf ein. Natürlich ist dieser große Zcitaufwand nicht bei jedem Ritual notwendig. Bei einer sehr intensiven Zeremonie, die sich über drei Nächte erstreckt und bei der zum Beispiel die Themen „Kraftaufbau – Loslassen – Beziehungsbindung" erwirkt werden, ist allerdings sehr leicht anzunehmen, daß mit Reaktionen an Körper und Seele zu rechnen ist.

Meine diesbezüglichen Erfahrungen sind Erschöpfung, Schwindelgefühl, Überanstrengung der Augen, Blutdruck und Kreislaufreaktionen sowie Kopfschmerzen.

Als Abschluß zu diesem Thema will ich noch betonen, daß solche Begleiterscheinungen nicht immer oder auch nur kurz auftreten können. Ich möchte Sie aber auch über diesen Punkt informieren, um Ihnen eine Hilfestellung für eine optimale Vorbereitung und Durchführung Ihrer Rituale zu geben.

„Ein wenig Kopfschmerz erspart langen Herzschmerz."

Reinigung vor jedem Ritual

Um unnötige Wiederholungen zu vermeiden, will ich Ihnen in diesem Kapitel die nötigen Schritte der energetischen Reinigung des Raumes, in dem Sie Ihre Zeremonie durchführen, aber auch die persönliche Reinigung vor Beginn jeden Rituals beschreiben. Sowohl Ihre Räumlichkeiten als auch Sie selbst müssen vor Beginn eines jeden Rituals energetisch gereinigt werden.

Reinigung der Räumlichkeiten:

Die erste vorgeschlagene Variante ist, mit einem Räucherstäbchen, einem Räucherkegel oder einer Räucherschale, in der Weihrauch enthalten ist, durch jedes Zimmer gegen den Uhrzeigersinn im Kreis gehend die Räume einzeln zu räuchern.

Die zweite Möglichkeit ist die mentale Reinigung, indem Sie sich in der Mitte des jeweiligen Raumes einen Lichtpunkt vorstellen, der sich in kreisenden Bewegungen vergrößert, bis letztendlich jeder Winkel von Licht durchflutet ist. Nach der Reinigung eines jeden Raumes lassen Sie kurz die positive Energie auf sich einwirken.

Reinigung und Energieaufbau Ihrer Person:

Ihre körperliche Reinigung durch ein entspannendes Bad, angereichert mit Meersalz, ist vor jedem großen Ritual empfehlenswert. Zur Einstimmung auf das bevorstehende Ritual können Sie auch Duftöle und Entspannungsmusik verwenden.

Ihre folgende energetische Reinigung stellt bereits den ersten Teil eines jeden Rituals dar und ist vor Beginn der eigentlichen Zeremonie durchzuführen. Die Bereitstellung der benötigten Zutaten für Ihr Ritual ist demnach schon vorher zu erledigen, denn diese werden mit der Lichtenergie, die Sie mental in den Raum geholt haben, mit eingehüllt.

Erster Teil – Reinigung und Energieaufbau

Konzentrieren Sie sich auf einen Lichtstrahl kosmischer Energie, der durch Ihr Scheitelchakra in Ihren Körper dringt und durch den Ihr Innerstes von Licht durchflutet wird. Erfühlen Sie diese Energien bis hin zu Ihren Fußsohlen. An dieser Stelle mental angelangt, schließen Sie den Energiefluß und konzentrieren die kosmische Kraft, die jetzt Ihrem Körper im Bereich des Nabels (Solarplexus) innewohnt. Während eines Rituals senden Sie von diesem Seelenpunkt ausgehend die so gewonnene Energie aus, um Ihren vorher bestimmten Wunsch Wirklichkeit werden zu lassen.

Zweiter Teil – Erden

Dies bedeutet, daß Ihr nächster Schritt Ihnen den Einsatz der Kraft der Erde ermöglichen soll. In Ihrer Vorstellungskraft stehen Sie jetzt bis zu den Knöcheln in warmer, kraftvoller Erde, deren Energie in Ihnen aufsteigt und sich im Bereich des Solarplexus konzentriert. Vermischt mit der kosmischen Energie sind Sie jetzt vorbereitet, diese Kräfte gezielt wirken zu lassen.

Dritter Teil – mentale Verbindung bei Personenritualen

Gilt der Wunsch, den Sie mit Ihrem Ritual bewirken wollen, der Veränderung des Verhaltens oder den Emotionen einer Person beziehungsweise ist Kommunikation mit seinem Unterbewußtsein notwendig, wenden Sie jetzt die folgenden Schritte an:

Stellen Sie eine Kristallschüssel auf, mit Wasser und dem Ritual entsprechenden Ölen und Weihrauch angereichert. In ihrer Mitte plazieren Sie einen Rubin oder Kristall.

Tauchen Sie mit Ihren Händen in das Wasser ein, und holen Sie sich in Gedanken das Bild der betreffenden Person in den Stein.

Lenken Sie nun erstmals die vorher gesammelte Energie auf den Stein; somit ist die Verbindung gegeben.

Anschließend berühren Sie mit Ihren nassen Händen die Mitte Ihrer Stirn und halten einige Sekunden die Gedanken

„Ich sende Dir meine Gedanken; und
unsere Gedanken werden uns verbinden!“

mit Ihrer ganzen Konzentration fest.
Berühren Sie nun mit den Händen Ihre Augen und halten wie vorhin in Gedanken die Worte fest

„Wir sehen einander, Du siehst die neue Wirklichkeit!“

Führen Sie nun Ihre Hände zu Ihren Lippen und konzentrieren sich wieder auf folgende Gedanken

„Wir sprechen dieselbe Sprache,
meine Worte werden über Deine Lippen fließen!“

Die Hände am Herzen haltend, sind die Worte

„Ich sende Dir meine Liebe,
wir werden ewig füreinander Liebe empfinden!“

in Ihren Gedanken.
Während Ihre Hände Ihren Nabel berühren, verbinden Sie sich mental mit der Seele Ihres Partners und bringen dies mit den Worten

„Unsere Seelen sind verbunden und sind eins!“

zum Ausdruck.
Als Abschluß stellen Sie sich mit den Handinnenflächen nach oben gewandt in Richtung Osten und lenken Ihre ganze Kraft auf die Worte

„Wir fühlen einander, unsere Energien
sind auf höherer Ebene miteinander verbunden!“

Die nächsten Schritte sind nun nach Ihrer individuellen Zusammenstellung für Ihre Zeremonie durchzuführen.

Bausteine für Ihre Rituale der weißen Magie

Hinweise für die Auswahl der Bausteine

Trotz der in diesem Buch zahlreich zusammengestellten Rituale möchte ich Ihnen mit dieser Anleitung die Möglichkeit geben, Ihre eigenen Zeremonien zusammenzustellen, um so Ihren individuellen Weg in die weiße Magie zu finden und diese Kräfte für sich zu nutzen. Die angeführten Bausteine bieten Ihnen eine Vielzahl von Varianten und gestatten Ihnen auch, Ihre Phantasie mit einfließen zu lassen. Die weißen Hexen haben schließlich alle Ihre eigenen Geheimnisse und Rezepturen, die Sie niemals preisgeben. Ihnen bleiben sie aber nicht verborgen, wenn Sie sich mit dem Umgang der Bausteine vertraut machen und Ihre Inspiration mit einfließen lassen.

Um für Ihren persönlichen Wunsch ein Ritual zusammenstellen zu können, wählen Sie aus jedem der angeführten Bausteine die entsprechenden Zutaten und Hilfsmittel.
Beachten Sie dabei, daß die Menge und Vielfalt der Ingredienzien keinen Einfluß auf die Wirkung Ihrer Zeremonien haben. Die wichtigsten Grundelemente, die in jedem Fall in einem Ritual beinhaltet sein sollten, sind in der Skizze auf Seite 29 angeführt. Das Vorbereitungsblatt soll Ihnen eine Hilfe für die Handhabung der einzelnen Bausteine sein. Ein bis drei Ingredienzien der angeführten Bausteine sind ausreichend für Ihr jeweiliges Ritual. Die Menge der Kräuter, Gewürze und Pflanzen richtet sich nach Ihren räumlichen Möglichkeiten, sollte allerdings nicht übertrieben werden. Benötigen Sie für Ihr Wunschritual auch Blumen, beachten Sie, daß die Zahl drei, sechs, sieben oder acht eingehalten wird. Die angeführten Kräuter und Pflanzen sind sowohl in frischem als auch in getrocknetem Zustand zu verwenden. Dem Ritual entsprechend werden diese zum Teil als Weihrauchmischung verbrannt oder als energetische Helfer sozusagen dem vorher bestimmten Element mit den anderen Ritualresten übergeben. Zur Anzahl der Rituale für ein und denselben Zweck kann noch angemerkt werden:

„Wirkst Du den Zauber richtig, ist jeder andere unwichtig!"

Vorbereitungsblatt für Ihr Wunschritual

Reinigung des Raumes und meiner Person

Mein Ritual soll folgendes bewirken:

. . . .

1. DAS ELEMENT: . . . .
2. DIE FARBE: . . . .
3. DIE BLÜTEN: . . . .
4. DAS SYMBOL: . . . .
5. DIE KRÄUTER: . . . .
6. DIE STEINE: . . . .
7. DIE ÖLE: . . . .
8. DER ZEITPUNKT: . . . .
9. ZU MEINEM SCHUTZ VERWENDE ICH:

   . . . .

10. DIE KERZEN: . . . .
11. DAS BAND: . . . .
12. SONSTIGES:

    KRISTALLSCHÜSSEL MIT WASSER,
    RÄUCHERSCHALE,
    ALUFOLIE,
    FEUERFESTE PLATTE ODER ÄHNLICHES,
    FARBSTIFTE, PAPIER
    LEINEN- ODER BAUMWOLLTUCH (Säckchen),
    BINDEBAND,
    HOLZSPIESS (aus Weidenholz oder ein Zweig von Ihrem Baum) zum Einritzen der Schriften auf den Kerzen.

13. DIE STOFFE UND FARBEN DER KLEIDUNG BZW. DESSOUS.

Aufbauprinzip, für alle Rituale gültig

Grundsätzlich werden die Ingredienzien bei einem Ritual zu einem Kreis gelegt. Die schützenden Elemente (z.B. Salz) werden ganz außen plaziert. In der Mitte des Kreises stehen die Kerzen und zwischen oder hinter den Kerzen, so daß durch die Flammen hindurch geblickt werden kann, die jeweils verwendeten Steine.

Steine und Kerzen sind das Zentrum der Energien, die in einem Ritual gesammelt und verbunden werden und ein Ziel realisieren helfen sollen. Heilende und segnende Elemente (z.B. Salbei, Lavendel) werden zusätzlich innerhalb des ganzen Kreises verstreut.

Der verwendete Spiegel steht immer außerhalb des Ritualkreises. Die Räucherschale ist ebenfalls außen plaziert, dabei ist auf die Himmelsrichtung Osten zu achten. Die Ingredienzien bereiten Sie auf der rechten Seite neben dem Ritualplatz vor, denn

„Von rechts nach links, Glück Dir bringt's!"

Die vorbereiteten Säckchen, Stoffe und Bänder, die dazu dienen, mit den Ritualresten befüllt und gebunden zu werden, richten Sie auf der linken Seite des Ritualplatzes her.

Daneben steht die Schüssel mit dem Quell- oder Weihwasser, aber auch die restlichen Zutaten, die Sie benötigen, um zum Beispiel einen Talisman zu weihen, einen Zauber zu binden oder das Säckchen mit den Ritualresten mit den diversen Ölen zu besprengen.

Für mehrtägige Rituale, an denen in jeder Nacht die Zeremonie mit neuen Ingredienzien fortgesetzt wird, sind vor Beginn der ersten Ritualnacht alle Zutaten, auch frische Blüten und Blätter etc. vorzubereiten. Bei Ritualen, bei denen die Reste dem Element Erde übergeben werden, Sie aber noch in derselben Nacht keine Möglichkeit dazu finden, muß in jedem Fall Erde die Reste bedecken (Blumentopf).

Grundddarstellung der Rituale

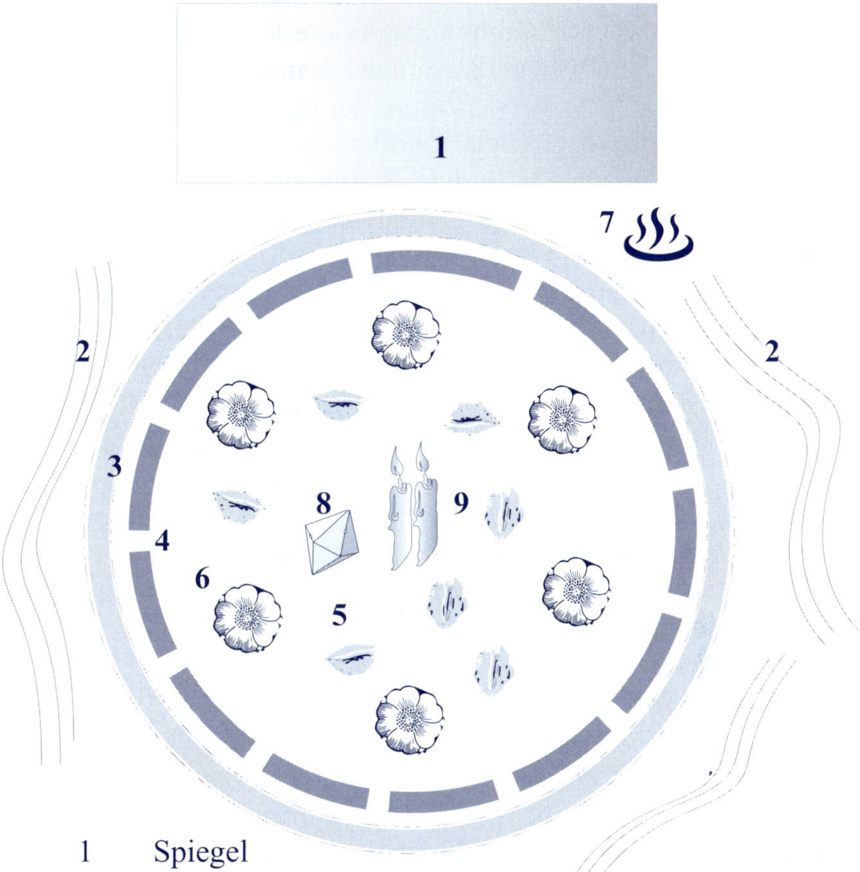

1 Spiegel
2 Stoff in den Farben Ihres Ritualthemas
3 Kreis aus Salz
4 Kreis aus Lavendel
5 Blätter, Kräuter ...
6 Blüten
7 Weihrauch
8 Kristall, Stein oder Symbol des Elementes, z.B. Rinde
9 Position der Kerzen

Kerzen

Kerzen stimulieren nicht nur das Unterbewußtsein, welches unsere Kraftquelle in der magischen Praxis ist, sondern sie haben eine vielfache Bedeutung. Sie symbolisieren das Element Feuer, wie sie auch ein Symbol einer Person darstellen können usw.

Wichtig ist bei jeder magischen Handlung, die Kerzen vorher selbst zu salben. Dies geschieht, indem Sie die Kerze von der Mitte ausgehend bis zum Docht langsam und in Konzentration auf Ihr Ziel oder die Person, die diese Kerze darstellen soll, einreiben. Auch der Docht soll in der Salbung enthalten sein. Anschließend reiben Sie wieder von der Mitte ausgehend bis zum Fuß der Kerze mit Ruhe und Konzentration. Reiben Sie bitte niemals in entgegengesetzter Richtung, denn das würde das Ziel Ihres Rituals ebenfalls gegenteilig beeinflussen. Durch die Berührung Ihrer Hände mit der Kerze werden Ihre Schwingungen übertragen, und die Verbindung mit dem Öl (auch Meersalz kann anstatt der Öle bei Schutzritualen verwendet werden) sowie Ihre Visualisierung während der Salbung binden die Kerze sozusagen an ein Thema oder eine Person; sie kann aus diesem Grund nicht mehr anders weiterverwendet werden.

Zum Zweck der Salbung verwenden Sie dem Sinn des Rituals entsprechendes Öl. Zum Beispiel Rosenöl für Liebesrituale, Weihrauchöl, Lavendelöl für Schutzrituale etc. (siehe Kapitel Öle). Völlig neutral ist Olivenöl oder reines Sonnenblumenöl, wenn Sie kein entsprechendes Öl zur Verfügung haben. Für die meisten Rituale werden mehrere Kerzen verwendet, die alle gesalbt und anschließend geweiht werden, indem man sie alle nebeneinander legt und die Hände über sie hält. Ihre Daumen sollen sich dabei berühren und Sie selbst sich darauf konzentrieren, daß Ihre Energie auf die Kerzen übergeht.

Die Größe der verwendeten Kerzen ist nicht ausschlaggebend für den Erfolg Ihres Rituals, kleinere Kerzen haben jedoch den Vorteil, daß Ihre Brenndauer sich in einem für Rituale günstigen zeitlichen Rahmen hält.

Die Farben der Kerzen sind jedoch von großer Bedeutung, und vollständig durchgefärbte Kerzen sind solchen, die nur eine farbliche Ummantelung besitzen, vorzuziehen. Selbst hergestellte Kerzen stellen den Idealfall – ähnlich wie selbst gepflückte, mit Liebe und Sorgfalt getrocknete Kräuter – dar. Ich errichte bei meinen Ritualen niemals einen Altar, sondern, im Gegensatz zu vielen anderen magischen Praktiken, einen Lichtkreis, der mit Meersalz oder auch mit weißen Kerzen den Rahmen des Rituals bildet und die Energien innerhalb des Kreises bindet, um sie so senden, verbinden und wirken lassen zu können. Bei Ritualen im Freien bilden mit Weihwasser besprengte Steine diesen Lichtkreis. Sie benötigen je nach Wunsch und Inhalt des Rituals eine Auswahl von verschiedenen Kerzen. Folgend angeführte Kerzen sollen die Person, für die Sie ein Ziel erreichen wollen oder eine Veränderung durch Ihr magisches Handeln wirken wollen repräsentieren. Die Auswahl erfolgt nach dem Geburtsmonat. Sollte Ihnen dies nicht bekannt sein, können Sie jederzeit eine orangefarbene oder weiße Kerze als entsprechende Personenkerze verwenden, in die Sie den Namen der entsprechenden Person einritzen. Der Idealfall wäre es, wenn Sie dazu einen gespitzten Zweig aus Weidenholz, Haselnuß, Eiche, Mistel, Eberesche, Schlehdorn oder Holunder verwenden.

Geburtsmonat	***Farbe der Kerzen***
Jänner	rot oder gold
Februar	gelb oder blau
März	blau oder grün
April	rosa oder orange
Mai	blau oder gold
Juni	rot oder blau
Juli	rot oder grün
August	rosa oder orange
September	rosa oder gold
Oktober	rosa oder gold
November	gelb oder blau
Dezember	rot oder orange

Folgende Kerzen verwenden Sie bitte zu den angeführten Inhalten Ihres Rituals:

Gelb Anziehung, Frieden, Zufriedenheit, Befreiung, weiters für Liebesrituale, wenn der Lebenspartner noch nicht da ist.

Weiß Schutz, Reinigung, Frieden, mentale Botschaften, Heilung, Förderung der eigenen Spiritualität, um Wahrheit zu erkennen oder gezeigt zu bekommen, weiters um negative Energien von einem Menschen oder Ort zu nehmen.

Blau Glück, Freundschaft, Erfolg, Gesundheit, Inspiration, reine Liebe, Trennung von einem einst geliebten Menschen; in einem Trennungsritual symbolisiert eine blaue Kerze auch einen Partner, der an jemand anderen gebunden ist.

Orange Glück, Liebe, Fruchtbarkeit (nicht nur als weibliche Fruchtbarkeit gedacht, sondern in bezug auf alle Vorhaben, die fruchtbar sein sollen), Energieübertragung, Lebensfreude bewirken, Kraft senden, Herzenswärme fördern.

Rosa Einfluß, Liebe, Förderung der spirituellen Entwicklung, Kommunikation mit dem Jenseits, Unterstützung der Sinnlichkeit eines geliebten Menschen, Lösung von seelischen Blockaden, Verbundenheit und Treue.

Rot Liebe, Leidenschaft, ewige Bindung, Lebenskraft, Willenskraft, Wohlstand, Schutz, spirituelle Botschaften, Erfolg; eine rote Kerze eignet sich generell für alle Liebesrituale.

Grün Wohlstand, materieller oder beruflicher Erfolg, Besitz, Wachstum, generell gutes Gelingen von allen neu beginnenden Vorhaben oder Projekten, auch um Gewinne oder Glück im Spiel zu haben.

Braun	besondere Gunst wichtiger Persönlichkeiten anziehen, Neubeginn einer zerbrochenen Beziehung wirken, den Willen zur Einsicht unrechten Handelns einer Person herbeiführen.
Grau	um Rechtsangelegenheiten zu einem positiven Ausgang zu führen, um Diskretion und Verschwiegenheit eines Menschen zu wirken, Anpassungsfähigkeit an meine Person oder eine nicht veränderbare Situation bei der betreffenden Person zu erreichen.
Lila	bei Ritualen mit spirituellen Zielen, um menschliche und geistige Größe zu bewirken, Inspiration, Befreiung von Depressionen, Harmonie.
Gold	Reinigung und Schutz vor Besetzungen, Reinigung von Fremdenergien.

Weiße oder gelbe Teelichter werden zum Schutz und zur Abgrenzung Ihres Lichtkreises verwendet. Mir ist zwar bekannt, daß schwarze Kerzen für Verbannungsrituale benutzt werden, aber ich bin der Überzeugung, daß die Macht des Positiven das Negative automatisch fernhält. Sollten Sie jedoch anderer Meinung sein, empfehle ich Ihnen, schwarze Kerzen unbedingt vor deren Verwendung mit Weihwasser zu besprengen. Bei Ritualen, in denen es darum geht, Ereignisse oder Entscheidungen, auch von anderen Personen, in der Vergangenheit aufzulösen oder rückgängig zu machen, werden die Monatskerzen entsprechend dem Monat des Vorfalls als Zusatz und sozusagen als Brücke in die Vergangenheit verwendet. Ebenso, wenn Sie einen Partner an ein Versprechen aus der Vergangenheit erinnern wollen.

MONATSKERZEN: *(werden als Zusatz verwendet)*

Jänner - rot, Februar - blau, März - blau, April - rosa, Mai - blau, Juni - blau, Juli - rot, August - rosa, September - rosa, Oktober - gold, November - gelb, Dezember - rot.

Eine Auswahl an Kräutern, Wurzeln, Samen, Gewürzen, Pflanzen, Blüten und Zweigen für Liebesrituale

Akazienblüten
Als Beigabe zu Liebestalismanen verwendet man die Knospen der Akazienblüten.

Angelika
Um Entscheidungsfähigkeit oder Entschlußkraft des Partners herbeizuführen und ihm seine Stärke und Willensbildung entwickeln zu helfen.
Bringt auch Frieden und Harmonie in der Liebe.

Anissamen
Verstärkt die Wirkung bei Liebesritualen in Vollmondnächten.
Als Beigabe zu Liebesgetränken fördert Anis die Leidenschaft.

Basilikum
Bewirkt Anziehung, ist förderlich bei Neumondritualen und steigert die Sehnsucht des Geliebten nach Ihrer Nähe.
Steigert sexuelles Verlangen und Ausdauer in der Liebe.

Brennesselblätter
Um die Liebe eines Menschen zu entfachen.

Birkenblätter und Birkenrinde
Finden Verwendung in Zeremonien, die eine beginnende Liebe festigen und eine ewige Bindung wollen.
Verstärken Liebesrituale bei Neumond.

Eisenkraut
Fördert das Lustempfinden der Männer.
Verstärkt die Kraft eines jeden Liebesrituals.

Fenchel
Steigert die Kraft der Eroberung, hilft gegen Rivalinnen zu siegen.

Holunder
Holunderblüten werden verwendet in Ritualen, die eine neue Liebe an Sie binden sollen. Gepflückt werden die Blüten in einer Neumondnacht. Holunderblätter und Zweige wirken in Ritualen Leidenschaft, am intensivsten allerdings, wenn Sie in einer Vollmondnacht vom Busch gebrochen werden.
Zu Vollkommenheit in der Liebe oder auch zu einer Ehe verhilft ein Zweig eines in voller Blüte stehenden Holunderbusches.

Hyazinthen
Bringen Erfolg bei Ritualen, in denen die Steigerung der Erotik in Ihrer Partnerschaft erwirkt werden soll.

Die verwendeten Blüten dürfen nicht verbrannt werden, sondern müssen nach Ende des Rituals mit allen restlichen Zutaten in ein fließendes Gewässer geworfen werden.

Hortensien
Stehen für Leben und Energie. Ihr Rosa fördert auch die spirituelle Entwicklung und die mentale Verbundenheit mit Ihren Liebsten.

Jasminblüten
Werden zur Unterstützung genommen, um Liebesenergien zu senden.
Als Beigabe zu Liebescocktails sehr zu empfehlen.
Um die Sinnlichkeit des Partners zu steigern.

Kapuzinerkresse
Bei Liebesritualen angewendet, steigt das Interesse des Partners an Ihrer Person.

Kampferblätter
Haben starke Wirkung bei Trennungsritualen.

Kamille
Bewirkt Versöhnung in Liebeskrisen.

Lavendel
Ideal für die verschiedensten Liebesrituale.
Fördert die Verbindung auf der Ebene der spirituellen Liebe.

Lilienblüten
Fördern die spirituelle Liebe.

Lindenblüten
Bewirken Versöhnung und neue Harmonie in der Partnerschaft.

Lorbeer
Bietet Kraft und Schutz vor Rivalen in der Liebe.
Hilft Verbindungen zu lösen, wirkt bei Trennungsritualen, negative Energien von Rivalinnen werden abgehalten bzw. ein geliebter Mensch von solchen befreit.

Mistel
Wird bei Anziehungsritualen verwendet.
Bricht die ablehnende Haltung des Partners zu Ihrer Liebe.
Löst alle Hindernisse, die ein Beziehungsleben unmöglich machen bzw. schützt und befreit Ihre Liebe von allen negativen Einflüssen.
Beeinflußt positiv die Gefühlsebene und das Verhalten des Partners.

Magnolie
Sorgt für Vollkommenheit in der Liebe.

Nachtkerze
Soll Fruchtbarkeit in einer jungen Ehe oder Partnerschaft bringen und die Liebenden auf ewig schützen.

Pfefferkörner (schwarz)
Verstärken Leidenschaft, stimulieren die Sexualität.

Rosmarin
Eignet sich besonders gut, um Liebe anzuziehen und feste Bindungen zu erreichen sowie Treue zu halten.
Verstärkt auch die Wirkung Ihrer Liebesrituale in Vollmondnächten.

Rosenblüten
Das Symbol der Liebe schlechthin.
Ihr Duft stimuliert die emotionale Seelenebene eines Menschen und erweckt Sehnsüchte und Hoffnungen nach einer sich erfüllenden Liebesbeziehung.

Roßkastanie
Bewirkt Leidenschaft und ewige Bindung.
Verwendet werden Blüten, Blätter und auch die Rinde. Beispiele dafür finden Sie im Kapitel Liebesrituale.

Ringelblumenblüten
Die ersten Blüten des Jahres wirken bei einer jungen Liebe Harmonie und Bindung.
Die Blüten des Hochsommers binden eine bestehende Liebe und verbinden eine gebrochene Liebe wieder.
Die getrockneten Wurzeln wirken in einem Talismansäckchen Treue und Bindung.

Salbei
Ist erfolgbringend bei Trennungsritualen.
Löst Hemmungen des Partners und fördert Liebesfreuden.

Spitzwegerich
Hilft ungewollte Bindungen zu lösen.

Veilchen
Bringen die Liebe zu einem Wunschpartner zum Erblühen.
Veilchenwurzeln als Beigabe zu Schutztalismanen.
Veilchenblüten als Ingredienz für Liebescocktails.

Vergißmeinnicht
Festigen die Gedanken und die Liebe im Herzen eines Partners, von dem man vorübergehend getrennt ist.

Vanilleschoten
Binden den Zauber Ihrer Rituale.

Wacholder
Motiviert den Geliebten, um Sie zu werben, und gibt ihm Kraft, sich aus bestehenden Bindungen zu lösen.

Weiße Chrysanthemen
Reine wahre Liebe im Herzen des Partners fördern.

Wegwarte
Verwenden Sie die Wurzeln, um in einem Zauber die Liebe zu binden.

Wermutkraut
Erzeugt Anziehungskraft.
Getränke auf Wermutbasis steigern die Lust an der Sexualität.

Zimtrinde
Bewirkt, daß Blockaden in Liebesbeziehungen gelöst werden und ein geliebter Partner sein Herz für Sie öffnet.

Eine Auswahl an Kräutern, Wurzeln, Samen, Gewürzen, Pflanzen, Blüten und Zweigen für Ihre Schutzrituale und Kraftrituale

Arnika
Schützt vor bösen Geistern im Haus.

Angelika
Wehrt böse Seelen und spitze Zungen ab.
Bringt eine harmonische gereinigte Atmosphäre in Räume, wo viele Menschen ein und ausgehen. Ein Büschel Angelika oder Duftsäckchen mit diesem Kräutlein im Eingangsbereiche aufgehängt, wird besonders Geschäftsleuten dienlich sein.

Basilikum
Wehrt Feinde ab.

Beifuß
Schützt vor Haß und Not.

Donnerbesen
Die Kräuter werden in wenig lauwarmem Wasser eingeweicht, und die daraus entstehende Flüssigkeit wird zum Besprengen der übrigen Zutaten bei Schutzritualen zur Reinigung verwendet.

Eisenkraut
Wird in Wasser eingeweicht und die daraus entstehende Flüssigkeit an Ritualplätzen zum Schutz und zur Reinigung versprengt.

Fenchel
Schutz in Konfliktsituationen, wo persönliche Ablehnung im Spiel ist.

Johanniskraut
Schützt und befreit von belastenden Gedanken, Furcht und Melancholie.

Kalmus
Reinigt und schützt.

Lavendel
Schutz bei allen Ritualen vor Besetzungen.
Neutralisiert belastende oder negative Energien.
Reinigt die Atmosphäre. Verstärkt die Wirkung bei Vollmondritualen. Ein Wunsch oder eine Botschaft, die auf Papier, das mit ein wenig Lavendelblüten eingerieben wird, geschrieben steht, wird sich erfolgreich zeigen. Dies gilt nicht nur für Liebesbriefe, sondern für Schriften alle Lebensbereiche betreffend, deren Inhalt Ihnen am Herzen liegt.

Lorbeerblätter
Feinde werden friedvoll gestimmt.
Bringt Ihnen die Kraft, in schwierigen Wettbewerben zu siegen.
Besiegte achten Ihre Vorrangposition.

Majoran
Für Schutzrituale an Neumondtagen.

Mistel
Ist eine mystische Pflanze, die Sie von Flüchen und Verwünschungen befreit.

Schafgarbe
Schützt Haus und Hof, den Menschen und das Tier.
Diese Pflanze sollte in keinem Garten fehlen.

Tausendgüldenkraut
Löst Flüche auf und schützt vor negativen Einflüssen wie Neid, Mißgunst, Eifersucht etc.

Thymian
Schützt vor Besetzungen, besonders an verfluchten Orten, an denen

man ein Reinigungs- oder Befreiungsritual durchführt. Hilft allgemein Böses zu bannen. Getrockneter Thymian, beim Eingangsbereich angebracht oder vor Ihrem Zuhause oder Geschäft gepflanzt, schützt vor Unglück und Mißerfolg.

Wacholder
Darf in keinem Ritual fehlen, das vor schwierigen Verhandlungen stattfindet oder in Krisensituationen Schutz und Hilfe der höheren Mächte wirken soll.
Kräftigt und schützt allgemein, um Lebensprüfungen besser durchstehen zu können.

Wermutkraut
Schützt vor dunklen Seelen,
ist bei Wintervollmondritualen zu empfehlen.

Zedernholz
Wird die Energie aller vier Elemente Erde, Luft, Feuer, Wasser miteinander verbinden und so helfen, die gebündelte Kraft aller Elemente zielführend für Ihr Bestreben einzusetzen.

Eine Auswahl an Kräutern, Wurzeln, Samen, Gewürzen, Pflanzen, Blüten und Zweigen, die für Reichtumsrituale verwendet werden

Baldrian
Bindet ererbtes Gut und Geld an die rechtmäßigen Nachkommen.

Borretsch
Gibt Kraft, um materielle Krisen zu überwinden.
Soll Ihnen unerwartete Hilfe bringen.

Eichenblätter, Eicheln, Eichenrinde:
Zeigen eine besonders starke Wirkung bei Geld und Erfolgsritualen.
Ein Eichenblatt, versilbert und in einer Nacht des zunehmenden Mondes geweiht, war einst ein Glücksbringer von großer Macht.
Eichenrinde und Eicheln bringen Glück im Spiel und bewirken, daß Ihr Einsatz Früchte trägt.
Um Geleistetes oder Erreichtes zu vermehren, verwendet man Eichenblätter in Ritualen.
Die Eiche steht für Stärke sowie inneren und äußeren Reichtum.

Esche
Samen verwendet man in Ritualen, die Geld anziehen sollen, Blätter hingegen, wenn vorhandene Güter sich vermehren oder begonnene Geschäfte größere Gewinne erzielen sollen.

Eisenkraut
Glück im Spiel und bei spekulativen Geschäften.

Johanniskrautwurzel
Bleibender Wohlstand, der auf gutem Boden wachsen soll.

Kamille
Zieht gutes Geld an.

Melisse
Heilt kranke Geschäfte.

Muskat
Ist die Würze eines jeden Geldbeutels, heißt es in der Überlicferung.

Myrrhe
Bringt reiche Gaben der Götter.
Hebt durch Geld und Gut Ihr gesellschaftliches Ansehen.

Safran
Vergoldet das Dach des Hauses.

Salbei
Es heißt, daß Salbei so viel Geld bringt, wie es für den Menschen gesund ist, der es mit Hilfe der Magie anzieht.

Sonnenblumenkerne
Bringen Vorhaben, die mit Liebe umgesetzt werden, zum Blühen.

Zimt
Ist das Gold vergangener Epochen.
Materie wirkt ein Leben in Fülle und Freude.

Eine Auswahl an Kräutern, Wurzeln, Samen, Gewürzen, Pflanzen, Blüten und Zweigen, die für spirituelle Rituale verwendet werden

Akazienblüten
Fördern Ihre hellsichtigen Anlagen.

Augentrost
Fördert die Konzentration.
Aktiviert Ihr Erinnerungsvermögen und wird bei Ritualen, in denen man Leid aus der Vergangenheit auflösen möchte, angewendet.

Beifuß
Hilfreich bei Visualisierungen.
Als Tee, um deutliche Visionen zu haben.

Bohnenkraut
Unterstützt die mentale Reinigung.

Weiße oder gelbe Chrysanthemen
Durch diese Blüten wird in einem Ritual Frieden zu einer verstorbenen Seele gebracht.

Eisenkraut
Verstärkt Ihre magischen Kräfte.

Eschenblätter
Verwendet man, um Botschaften von Verstorbenen in Träumen zu empfangen und mit diesen Seelen auf dieser Ebene in Verbindung zu treten.

Helmkraut
Gemischt mit Kamille und als Tee vor dem Schlafengehen getrunken, unterstützt Ihre Bitte um spirituelle Träume.

Hopfen
Hilft belastende Gedanken aufzulösen.

Katzenminze
Fördert die Entspannung vor Beginn des Rituals.

Lavendel
Hilft, Ihre spirituelle Bewußtseinsebene zu öffnen.

Lorbeerblätter
Die Spitze eines Lorbeerblattes zu kauen steigert während eines Rituals Ihre seherischen Fähigkeiten.

Liebstöckel
Ein warmes Bad mit Liebstöckel steigert Ihre magischen Kräfte.

Schafgarbe
Gemischt mit Brennessel als Tee mit Honig gesüßt, unterstützend für Ihre spirituellen Fähigkeiten.

Wacholder
Wird als Tee nach folgendem Rezept heiß getrunken, um vor einem Ritual mentale Kräfte aufzubauen. 1 TL gequetschte Beeren (Erntezeit Oktober - November) mit heißem Wasser übergießen und nach 10 Minuten abseihen.

Die Elemente

(wichtig bei Liebesritualen)

Um in Ritualen die Kraft der Elemente einwirken zu lassen, verwendet man bei Partnerschaftsritualen Blüten, Symbole und Farben dem jeweiligen Element entsprechend. Darüber hinaus ist zu beachten, daß die Himmelsrichtung, nach der Sie Ihr Ritual zelebrieren, dem entsprechenden Element zugehörig ist:

Luft - Osten, Feuer - Süden, Wasser - Westen, Erde - Norden

Welches das Element Ihres Partners ist, wird nur durch eine genaue Persönlichkeitsanalyse festgestellt. Beobachten Sie, zu welchem Element er einen besonderen Bezug hat: Liebt er die Sonne, das Wasser, fühlt er gerne den Wind auf seiner Haut oder gibt ihm die Berührung mit der Erde Kraft? Ist es aus irgendwelchen Gründen nicht möglich, sein Element herauszufinden, verwenden Sie die Ihrem entsprechenden Element zugeordneten Hilfsmittel.

Farben

Dem Element Wasser zugeordnet sind – blau bis türkisgrüne Farbtöne.
Dem Element Feuer zugeordnet sind – rote , orange, gelbe Farbtöne.
Dem Element Luft zugeordnet sind – weiße und graue Farbtöne.
Dem Element Erde zugeordnet sind – orange bis karminrote Farbtöne.

Stoffe die Ihren magischen Kreis einrahmen oder mit denen Sie das Umfeld dekorieren, bzw. das Papier, auf dem Sie Ihre Wünsche und Botschaften notieren, sollten diese Farben haben. Auch in Ihrer Kleidung, oder wie bei Liebesritualen üblich, Dessous, die während des Rituals und auch in der nächsten Nacht, die Sie Ihrem Partner schenken, getragen werden, sollen sich diese Farben finden. Zu Zeiten des Matriarchats wurden Liebesrituale ausschließlich nackt zelebriert. Blütenkränze in den entsprechenden Farben schmückten das Haar oder wurden am Körper getragen.

Beispiele für Blüten der Elemente

Dem Element Wasser zugeordnet sind – Lilien.
Dem Element Feuer zugeordnet sind – rote oder rosa Rosen, Sonnenblumen.
Dem Element Luft zugeordnet sind – weiße Rosen, Kamille, Magnolien.
Dem Element Erde zugeordnet sind – Kastanien, Chrysanthemen.

Beispiele für Symbole der Elemente

Dem Element Wasser zugeordnet sind – Muscheln und Steine aus dem Meer oder von Seen und Flüssen, Korallen.
Dem Element Feuer zugeordnet sind – Sonnenblumenkerne, Flammen und die Sonne, die Sie auf Ihren Botschaften zeichnen.
Dem Element Luft zugeordnet sind – Birkenzweige.
Dem Element Erde zugeordnet sind – Wurzeln und Rindenstücke.

Folgende Farben werden für Rituale zu den entsprechenden Themen verwendet

Sie werden wie bei den Liebesritualen in Form von Stoffen zum Drapieren oder in der Farbe des Papiers, auf dem Sie Ihre Ziele schreiben, verwendet. Die richtig dazu kombinierten Steine sind ebenfalls angeführt.

Weiß, leuchtendes Gelb, zartes Hellblau zu den Themen

Stärkung der Intuition, zur Visualisierungshilfe, Klarheit erwirken.
Der passende Stein dazu: Topas.

Rot, Gold, Orange, Weiß zu den Themen

Energieaufbau, Kraft, Seelenöffnung, Trennung, Leidenschaft.
Der passende Stein dazu: Opal.

Blau, Blaugrün, Grün zu den Themen

Gefühle wecken, Botschaften senden, Kommunikation mit dem Unterbewußtsein einer Person.
Der passende Stein dazu: Aquamarin.

Braun, Grün, Weiß zu den Themen

Bindungen erwirken, materiellen Reichtum, Gewinne erzielen, einen Neubeginn im Leben erwirken.
Der passende Stein dazu: Bergkristall.

Weiß, Silbergrau, Rot, Grün zu den Themen

Inspiration, Fruchtbarkeit, Geheimnisse eines anderen erkennen können, einen Geliebten aus fernen Ländern zu mir führen.
Der passende Stein dazu: Quarz, weiße Perlen.

Gold und Gelbtöne zu den Themen

Erfolg, Freude, Macht und Fortschritt im positiven Sinne, Heilung der Seele.
Der passende Stein dazu: Topas.

Violette Farbtöne zu den Themen

Geschäftserfolge, geistige Kreativität und Flexibilität, spirituelle Fortschritte, das Wissen eines anderen in Erfahrung bringen (nach dem Motto: Weiß er etwas, was er lieber nicht wissen sollte?) Auch das kann man durch ein Ritual in Erfahrung bringen.
Der passende Stein dazu: Achat.

Rosa zu den Themen

Liebe, Anziehungskraft, Freundschaft, Sexualität.
Der passende Stein dazu: Rosenquarz oder Smaragd.

Rottöne zu den Themen

Konflikte mit der nötigen Kraft lösen können, Kampfgeist stärken, Leidenschaft entfachen.
Der passende Stein dazu: Blutstein oder Rubin.

Dunkelblau zu den Themen

eine Führungsposition erlangen, Anerkennung auf höherer Ebene erreichen, Wohlstand, gute Geschäfte, Macht.
Der passende Stein dazu: Amethyst, Saphir.

Mittlere Blautöne zu den Themen

Blockaden und Hindernisse lösen, Besitz an sich binden, Feinde abwehren.
Der passende Stein dazu: Onyx.

Steine

Ein weiterer Baustein für Rituale, die Sie für Ihr persönliches Anliegen selbst zusammenstellen, sind Steine, die nach dem Geburtsdatum und nach dem Element des Partners auszuwählen sind. Das heißt, bei jedem Venusritual sollte je ein Stein seinen persönlichen Daten entsprechend und ein Stein seinem Element entsprechend vorhanden sein (siehe Baustein Elemente, Seite 46). In verschiedenen Ritualen werden Steine, die Sie selbst in der Natur auffinden und wo Sie die darin enthaltenen Energien fühlen können, am wirkungsvollsten sein. Steine, die Sie mehrfach verwenden, sollten regelmäßig gereinigt werden, indem man sie an Vollmondnächten ins Mondlicht stellt. Eine andere Möglichkeit ist, sie an einem Neumondtag in Wasser einer Quelle zu reinigen. Auch eine Mischung aus Wasser, angereichert mit Lavendelblüten und einigen Tropfen Weihrauchöl, eignet sich hervorragend zum Reinigen der Steine.

Daten und Steine

22.12. - 20.1.	Jaspis, Mondstein, Diamant
Element:	Erde
21.1. - 19.2.	Türkis, Chrysokol, hellblauer Saphir
Element:	Luft
20.2. - 20.3.	Koralle, Türkis, Amethyst
Element:	Wasser
21.3. - 20.4.	Hämatit, roter Jaspis, roter Turmalin
Element:	Feuer
21.4. - 21.5.	Achat, Aventurin, Saphir
Element:	Erde
22.5. - 21.6.	Gelber Karneol, Bernstein, Bergkristall
Element:	Luft
22.6. - 22.7.	Jaspis, Aventurin, Mondstein
Element:	Wasser
23.7. - 23.8.	Bernstein, Tigerauge, Diamant
Element	Feuer
24.8. - 23.9.	Jaspis, Tigerauge, blauer Saphir
Element:	Erde
24.9. - 23.10	Chrysokol, Jaspis, rosa Turmalin
Element	Luft
24.10. - 22.11.	Hämatit, roter Jaspis, Rubin
Element:	Wasser
23.11. - 21.12	Sodalith, Chrysokol, Saphir
Element:	Feuer

Spiegel

In vielen Ritualen wird ein Spiegel verwendet, der hinter Ihrem magischen Kreis stehen oder unter dem Foto der Person, für die Sie Ihren Zauber wirken wollen, liegen soll. Es heißt, ein Spiegel sei die Tür zu den Mächten des Jenseits und die Pforte in andere Dimensionen.

In klarem Wasser spiegelt sich eine Botschaft der Liebe
An der spiegelglatten Oberfläche von Wasser, das in einer Kristallschüssel, in deren Mitte ein Rubin liegt und das mit einigen Tropfen Weihrauchöl und ebenso ein wenig Tuberoseöl angereichert ist, erkennt man in einer Freitag-Vollmondnacht eine Botschaft der Liebe.

Öle

Die Aromastoffe der Öle beeinflussen die Aura durch Stimulation des Unterbewußtseins und unterstützen die Kraft der Magie bei allen Zeremonien. Öle sind in der praktischen Anwendung der weißen Magie nicht wegzudenken.

Die verschiedenen Öle werden verwendet um

- Kerzen zu salben;
- die Ingredienzien zu beträufeln, um ihre Wirkung zu verstärken.
- Wasser, das vor jedem Ritual zur Reinigung verwendet wird, muß mit den entsprechenden Ölen angereichert sein.
- Das Aroma der Duftlampen, die mit der passenden Öl/Wasser-mischung befüllt wurden, stimuliert und bringt Sie Ihren Zielen bald näher.
- Am Körper helfen Sie Ihnen, Botschaften der Liebe in das Unterbewußtsein des Partners zu senden und sind somit wertvolle mächtige Helfer in einer magischen Nacht. Schließlich können

sie auch noch den Zauber eines Talismans verstärken, den Sie für Ihren Geliebten herstellen.
- Auch als Schutz und Abwehr von negativen Energien und vor Besetzungen finden sie Verwendung.

Welches Öl wird für welchen Zweck in der weißen Magie verwendet

Hier einige Beispiele:

Patschuli
Wirkt erotisierend, stark wirkendes Liebesöl.

Moschus
Wirkt luststeigernd. (Nur zu empfehlen, wenn Ihr Geliebter mit Ihnen zusammen ist; es könnte sonst sein, daß eine andere Dame in den Genuß seiner männlichen Qualitäten kommt und von Ihren magischen Kräften profitiert.)

Tuberose
Steigert die Anziehungskraft und das Lustempfinden; erweckt sexuelles Verlangen.

Weihrauch
Erhöht die Sinnlichkeit, reinigt und schützt.

Zimt
Zieht Liebe an.
Erwärmt das Herz und die Seele des Partners.
Fördert spirituelle Fähigkeiten.

Schwarzer Pfeffer
Wirkt erotisierend.
Erweckt die Begierden der Liebe.

Zedernöl
Wirkt reinigend und verstärkt die Wirkung aller Rituale.

Weihrauchöl
Die Aromastoffe des Weihrauchöles erfüllen die Luft mit Schwingungen und beeinflussen positiv Ihre spirituelle psychische Ebene.
Bei der Verwendung von Ölen für Ihre magischen Rituale bedenken Sie bitte, daß es wichtig ist, daß auch Sie selbst die Düfte, die sich entwickeln, als angenehm empfinden. Ihr Wunsch könnte sich andernfalls ins Gegenteil kehren. Finden Sie für sich nach genauer Probe der Wirkung auf Ihr Sinnesorgan (und auch an die Nase des Partners sei dabei gedacht) Ihre Düfte der Liebeszeremonien etc. heraus.

Noch ein Hinweis:
Die Dosierung ist wie bei den anderen Zutaten nach dem Motto „Wenig, aber von hoher Qualität" auszurichten.

Mondphasen, Wochentage und die Zeiten, an denen Sie Ihre Rituale zelebrieren sollten

Neben den folgend angeführten Tagen und speziellen Mondphasen empfehlen sich für Rituale: das Geburtsdatum der betreffenden Person, die Rauhnächte, die Zeit, in der die Frucht am höchsten steht (Erntezeit), Allerheiligen (Schutz), Allerseelen und der Tag danach.

Zunehmender Mond

Bei zunehmendem Mond sind Rituale mit den nachfolgend aufgezählten Inhalten besonders wirkungsvoll:

neue Liebe, Geld, Erfolg für den Partner (besonders, wenn materielle Gründe Ihre Liebe verhindern); alle Wünsche, die sich erstmals in Ihrem Leben verwirklichen sollen, aber auch bestehende Situationen oder Güter, Werte etc., deren Wachstum Sie anstreben.

Abnehmender Mond

Trennung einer ungleichen Liebe, Auflösung schlechter Energien und aller Störfaktoren; alles, was Sie aus Ihrem Leben verbannen möchten, wird in einer abnehmenden Mondnacht mit Hilfe der weißen Magie erreicht. Auch Lasten, die Ihnen auf dem Herzen liegen und Schatten, die Ihre Seele trüben, werden in einer Nacht mit abnehmendem Mond aufgelöst.

Vollmond

(Dreitagesrituale beginnen zwei Tage vor Vollmond)
Zusammenführung in der Liebe; an Vollmondnächten wirken die Kräfte der Magie am stärksten, besonders bei Liebesritualen oder wenn Sie mit verstorbenen Seelen in Verbindung treten möchten. Auch Rituale, die Einfluß auf das Unterbewußtsein eines Menschen erwirken sollen, werden in Vollmondnächten zelebriert.

Neumond

Schutz- und Anziehungsrituale; ebenso, um neu beginnende Unternehmen und Verbindungen der Chance eines Wachstums zuzuführen.

Die beste Wirkung für Rituale an folgenden Wochentagen:

Montag:

Reisen, Anziehung für Liebe, spirituelle Rituale, Fruchtbarkeit.
Ritualzeiten: 18.00 Uhr, 22.00 Uhr.

Dienstag:

Stärke, Sieg in Konflikten, Bannrituale, Trennungsrituale, Sieg gegen jegliche Rivalität.
Ritualzeiten: 08.00 Uhr, 15.00 Uhr, 22.00 Uhr.

Mittwoch:

Verhandlungserfolge, geschäftliche Transaktionen, Partnerschaft, Erfolg im Beruf.
Ritualzeiten: 08.00 Uhr, 15.00 Uhr, 22.00 Uhr.

Donnerstag:

Geld, Gewinne, Erfolg, Macht.
Ritualzeiten: 08.00 Uhr, 15.00 Uhr, 21.00 Uhr.

Freitag:

ist der Tag, an dem alle spirituellen Einflüsse am stärksten sind.
Liebe, Anziehungskraft, Erotik, Sexualität, Bindung, Hochzeitsrituale, Partnerzusammenführung, Liebe des Wunschpartners an sich binden, Treue.
Ritualzeiten: 08.00 Uhr, 15.00 Uhr oder 22.00 Uhr.

Samstag:

Befreiung von Besetzungen oder Verfluchungen, Einflußnahme auf Personen, Seelenreinigung.
Ritualzeiten: Der Beginn dieser Rituale sollte nach Sonnenuntergang sein.

Sonntag:

Erfolg, Selbstheilungskräfte aktivieren, Heilung, Freundschaft, Versöhnung, Anziehung, Abwehrrituale.
Ritualzeiten: 12.00 Uhr, 22.00 Uhr.

Weihrauch

dient als Schutz vor negativen Energien, repräsentiert das Element LUFT, wird mit der Himmelsrichtung OSTEN in Verbindung gebracht und sollte in dieser Richtung stehend abgebrannt werden. Darüber hinaus erfüllen die Aromastoffe des Weihrauches die Luft mit Schwingungen und beeinflussen Ihre spirituelle, psychische Ebene positiv.

Besondere Weihrauchmischungen, um die Kraft Ihrer Liebesrituale zu verstärken

1 Teil Weihrauch, 1 Teil Lavendel, 1 Teil Wermutkraut
Speziell bei Neumondritualen zu verwenden.
Bei Zeremonien, die das Verlangen nach Sexualität steigern sollen.

* * * * *

1 Teil Weihrauch, 1 Teil getrocknete Immergrünblätter, 1 Teil Klee
Soll ewiges Glück in der Partnerschaft erwirken.

* * * * *

1 Teil Anissamen, 1 Teil Lavendel, 1 Teil Rosmarin
Verstärkt die Wirkung bei Vollmondritualen.

* * * * *

1 Teil Zimt, 1 Teil Sandelholz, 1 Teil Benzoe, einige Gewürznelken
Für Rituale, die Partnerzusammenführungen bewirken sollen.

Besondere Weihrauchmischungen, um die Kraft Ihrer Rituale zu Reichtum und Materie zu verstärken

1 Teil Salbei, ½ Teil Kamille, 1 Teil Muskat, ein wenig Myrrhe, 1 Teil Zimt
Wirkt anziehend für Glück und materiellen Reichtum.

* * * * *

1 Teil Salbei, 1 Teil Eisenkraut, einige Senfkörner, etwas Liebstöckelwurzel Steigert vorhandene Werte.

* * * * *

Myrrhe, Wacholder und Weihrauchkörner zu gleichen Teilen
Hilft Ererbtes rasch zu vermehren.

Weihrauchmischungen, um die Kraft Ihrer Schutzrituale zu verstärken

1 Teil Zedernholz, 1 Teil Lorbeer, 1 Teil Rosmarin
Für jedes Schutzritual anzuwenden.

1 Teil Zeder, 1 Teil Mistelblätter, 1 Teil Salbei
Zur energetischen Reinigung bei Räucherungen zur Jahreswende.

1 Teil Beifuß, 1 Teil Sandelholzpulver, 1 Teil Rosmarin, 1 Teil Fenchel
Bietet allgemeinen Schutz, nicht nur für die Dauer eines Rituals.

1 Teil weiße, getrocknete Rosenblüten, etwas Safran, 1 Teil grüne Minze, 1 Teil Lavendel, einige Gewürznelken, 1 Teil getr. Orangenschalen
Bewirkt Reinigung und Schutz, aber auch Heilung.

Besondere Weihrauchmischungen, um in Ritualen spirituelle Entwicklungsschritte zu erreichen

1 Teil Waldziest, etwas Muskatnuß, 1 Teil Wermut
Fördert die Hellsichtigkeit.

1 Teil Akazie, 1 Teil Weihrauch
Unterstützt die Verbindung mit Ihren Schutzgeistern.

1 Teil Kamille, 1 Teil Sellerie, 1 Teil Rosmarin
Steigert Ihre mentalen Kräfte.

1 Teil Muskatnuß, 1 Teil Safran
Um klare Visionen zu bekommen.

1 Teil Wermut, 1 Teil Weihrauch
Um in Sommervollmondnächten Schutzgeister sehen zu können.

1 Teil Jasminblüten, 1 Teil Sandelholzpulver, einige Tropfen Olibanumöl
Verbessert die Fähigkeit, richtig zu visualisieren.

Bäume

Bei allen Ritualen, mit denen Sie für eine Person etwas bewirken wollen oder von einem Menschen eine bestimmte Reaktion erwarten, ergänzen Sie die Zutaten mit einem kleinen Zweig oder Blättern (auch getrocknet) von dem seinem Geburtsdatum zugeordneten Baum. Die Wirkung verstärkt sich, wenn es Ihnen möglich ist, die Blätter oder Zweige selbst zu schneiden – natürlich an den entsprechenden Mondtagen.

BUCHE	22.12
APFELBAUM	23.12. - 1.1. 25.6. - 4.7.
TANNE	2.1. - 11.1. 5.7. - 14.7.
ULME	12.1. - 24.1. 15.7. - 25.7.
ÖLBAUM	23.9.
ZYPRESSE	25.1 - 3.2. 26.7. - 4.8.
BIRKE	24.6.
PAPPEL	4.2. - 8.2. 1.5. - 14.5. 5.8. - 13.8.
ZEDER	9.2. - 18.2. 14.8. - 23.8.
KIEFER	19.2. 28.2. 24.8. - 2.9.
TRAUERWEIDE	1.3. 10.3. 3.9. - 12.9.
LINDE	11.3. 20.3. 13.9. - 22.9.
EICHE	21.3.
HASELNUSS	22.3. 31.3. 24.9. - 3.10.
EBERESCHE	1.4. - 10.4. 4.10. - 13.10.
AHORN	11.4. - 20.4. 14.10. - 23.10.
NUSSBAUM	21.4. - 30.4. 24.10. - 11.11.
KASTANIE	15.5. - 24.5. 12.11. - 21.11.
ESCHE	25.5. - 3.6. 22.11. - 1.12.
HAINBUCHE	4.6. - 13.6. 2.12. - 11.12.
FEIGENBAUM	14.6. - 23.6. 12.12. - 21.12.

Nach altem Brauch werden bei Vollmondritualen die Zutaten der Rituale mit Blättern oder Rindenstücken bzw. Zweigen des entsprechenden Monats noch ergänzt.

Jänner – Birke
Februar – Eberesche
März – Erle
April – Weide
Mai – Weißdorn
Juni – Eiche
Juli – Stechpalme
August – Hasel
September – Weinrebe
Oktober – Efeu
November – Schilf
Dezember – Holunder

Ergänzende Hinweise für den Schnitt der Äste oder Zweige

Die Tages- oder Nachtzeit des Schnittes für:

Heilungsrituale - Sonnenaufgang bis zur Mittagssonne
Liebesrituale - Mittagssonne bis Mitternacht
Trennungs- oder Verbannungsrituale - ab Sonnenuntergang
Rituale zur spirituellen Weiterentwicklung - nachts, wenn der Mond am Himmel steht.
Pro Schnitt darf nicht mehr, als in einer Hand gehalten werden kann, genommen werden. An dieser Stelle möchte ich nicht versäumen, Sie an die Grundregeln auf Seite 17 zu erinnern.

Schutz

Der Schutz vor negativen Energien

Bedenken Sie, daß während eines Rituals Ihre innere Öffnung und völlige Hingabe geschieht. Auch Türen zu anderen Dimensionen, Seelen im Jenseits und für Sie fremden Wirklichkeiten werden berührt. Nicht jede Seele und Energieform im Jenseits ist rein und helfend bereit, Sie zu unterstützen. Um sicher sein zu können, daß nicht ungewollte negative Einflüsse Ihre Zeremonie stören oder entgegen Ihren Wünschen wirken, ist ein wichtiger Baustein bei jedem Ritual der Schutz. Der größte Schutz ist allerdings ein reines Herz, ein tiefer Glaube und das Bewußtsein, daß nichts Negatives, egal in welcher Form, von Ihnen angenommen wird.

Es heißt auch:

„Bist Du frei von Furcht und Übel,
suchen die Schatten die Flucht!“

Sie sollten daher niemals ein Ritual ohne einen Schutz durchführen. Dieser wird durch einen Kreis aus Salz, beziehungsweise Meersalz und Lavendel bewirkt. Wichtig dabei ist, daß der Kreis nicht unterbrochen sein darf. Innerhalb dieses Kreises plazieren Sie die anderen Zutaten. Erlauben Ihnen Ihre Räumlichkeiten eine dementsprechende Größe des Kreises, werden Sie auch als Person innerhalb des Kreises stehen. Weihrauchkegel oder Weihrauchkörner auf Glühkohle verbrannt sind ebenfalls ein wichtiger Schutzfaktor. Bei Schutz- und Kraftritualen werden die verwendeten Blüten zuerst in das mit Weihrauchöl versehene Wasser und dann in Salz getaucht. Das Besprengen der Raumecken und des Ritualkreises mit Weihwasser oder Quellwasser ist eine weitere Möglichkeit dafür.

Achten Sie darauf, daß Sie alle benötigten Ingredienzien und Utensilien innerhalb des Kreises haben, wenn Sie mit dem Ritual beginnen.

Wie Sie einen Zauber binden

Ihr Ziel ist in jedem Ritual, nicht nur einen Wunsch Wirklichkeit werden zu lassen, sondern den erreichten Umstand zu erhalten. Aus diesem Grund vergessen Sie bitte nicht, am Ende eines jeden Rituals Ihren Zauber zu binden. Die folgenden Möglichkeiten stehen Ihnen dafür wahlweise zur Verfügung:

In Gedanken

Verfügen Sie über starke mentale Kräfte beziehungsweise überdurchschnittliche spirituelle Fähigkeiten, schließen Sie jedes Ritual ab, indem Sie in Ihrer Vorstellungskraft den Wunsch real vor sich sehen und diesen in einer Energiespirale, welche aus Ihrer Stirn fließt, binden. Vergessen Sie dabei nicht, die Spirale nach oben hin zu schließen.

In Worten

Auch das gesprochene Wort birgt die Kraft in sich, einen Zauber zu binden. Ihre das Ritual abschließenden Worte sollten kurze, kraftvolle Reime sein.

Zum Beispiel:

„Mein Wunsch hat zu mir gefunden
und ist auf ewig an mich gebunden!"

Ihre Zauberworte sind dreimal zu wiederholen.

Mit Knoten

Mit den Gedanken an die Bindung Ihres Zaubers werden die Ritualreste in ein Säckchen gefüllt und mit dem jeweiligen Band drei- oder achtmal verknotet zugebunden.

Rituale für die Seele

Einweihungsritual

Bevor Sie mit dem ersten Ritual beginnen, führen Sie bitte das Einweihungsritual durch. In dieser Zeremonie öffnen Sie Ihr Herz und Ihre Seele den höheren positiven Mächten und bitten sie, den Weg der lichtvollen Magie gehen zu dürfen. Während der Zeremonie sollte Ihre Kleidung weiß sein. Die Liebe, Ihr Glaube, Ihre Demut, die Bereitschaft, die höhere Führung anzunehmen, wird hierbei zum Ausdruck gebracht. Voll Vertrauen und in dem Bewußtsein, daß Hingabe gefordert ist, bereiten Sie sich in Ruhe auf Ihr Einweihungsritual vor. Ruhen Sie sich daher einige Stunden vor Beginn des Rituals aus, und gehen Sie anschließend in die Natur, in der Sie sich besonders auf die Kraft der Erde konzentrieren sollten, indem Sie bei jedem Schritt die Energieaufnahme aus der Erde ganz bewußt wahrnehmen.

Der Reinigungsprozeß des Körpers, Geistes und der Räumlichkeiten darf nicht vergessen werden und soll mit wirklicher Sorgfalt durchgeführt werden. Nach Vorbereitung der Ingredienzien entspannen Sie sich und trinken eine Tasse Tee, den Sie aus zwei Teilen Schafgarbe, einem Teil Kamille und einem Teil Honig zubereiten. Seien Sie sich bewußt, daß Sie in diesen Momenten beginnen, einen Weg zu gehen und mit Mächten in Berührung kommen werden, die Sie verpflichten, mit all Ihrer Kraft Tag für Tag ein positives Leben, um andere und um sich selbst bemüht, in Liebe zu gestalten. Ist Ihre spirituelle Entwicklung so weit fortgeschritten, daß Sie Ihren Schutzengel oder Schutzgeist bereits kennen, vielleicht mit ihm sogar kommunizieren, ist die Bitte an ihn, Sie zu führen, jetzt erlaubt. Sind Sie noch nicht so weit, dann können Sie die Bitte aussprechen, ihn im Licht fühlen oder sehen zu dürfen. Bei diesem Ritual kann es vorkommen, daß Sie den Eindruck haben, Unbekanntes zu riechen, Geräusche wahrzunehmen, daß Gegenstände sich zu bewegen beginnen oder fremde Seelen im Raum wären. Diese Vorfälle sollen Ihnen keine Angst machen, denn es sind nur Zeichen von erdgebundenen oder niederen Seelen, die sich bemerkbar und wichtig machen wollen. Richten Sie sich nach den Anleitungen des Rituals, und ist Ihr Vertrauen, daß Sie auf der Seite des Lichtes stehen, vorhanden, kann Ihnen nichts passieren.

Die Ingredienzien

Ein Bergkristall, einige weiße und rosa Rosen, eine weiße Kerze, zum Schutz dient Meersalz und ein oder mehrere Weihrauchkegel, Weihwasser, Lavendelöl, weiße Teelichter, Beifuß, weißes Papier, Weihrauchkörner, Eisenkraut.

Der ideale Zeitpunkt

Neumond

Das Ritual

Nach der Reinigung Ihrer Person und des Raumes mit einer Weihwasser-Lavendelölmischung bilden Sie in der Mitte des Raumes einen Kreis aus Meersalz, der groß genug sein soll, daß Sie innerhalb des Kreises auf dem Boden sitzen können. Entzünden Sie nun acht weiße Teelichter, welche halbmondförmig vor Ihnen stehen. Die Blütenblätter der weißen und rosa Rosen werden nun innerhalb des

Kreises gestreut. In der Räucherschale werden auf einem Stück Glühkohle, Weihrauchkörner, Beifuß und Eisenkraut verbrannt. Ihre Gedanken und Konzentration richten Sie auf ein Gebet an die höheren, positiven Mächte und die Bitte, mit der weißen Magie des Herzens wirken zu dürfen. Legen Sie den Kristall, welchen Sie einige Sekunden über die Räucherschale halten, anschließend vor die Kerze. Entzünden Sie nun die weiße Kerze in der Mitte des Kreises, vor welcher Sie sitzen. Visualisieren Sie sich, durch die Flammen der Kerze blickend, wie aus allen Richtungen kommend, Lichtstrahlen in den Kristall einfließen. Anschließend nehmen Sie den Kristall in Ihre Hand und führen ihn zur Stirn, halten einige Sekunden inne und konzentrieren sich auf die Gedanken:

*„Ich will und kann mit Eurer Hilfe Kraft senden,
Gedanken und Bilder auf andere Menschen übertragen."*

Den Kristall auf das dritte Auge, in der Mitte der Stirn, haltend:

*„Ich will und werde lichtvolle Dimensionen sehen,
sehend werden!"*

Mit dem Kristall auf Ihren Lippen sind die Gedanken festzuhalten:

„Meine Worte werden von denen, die ich rufe, empfangen!"

Anschließend mit dem Kristall auf dem Herzen:

„Liebe in mir wird meine größte Macht!"

Den Kristall auf Ihren Seelenpunkt, den Nabel, haltend:

*„Seelen, die ich rufe, werden mir helfen und für mich
wirken und sich mit mir verbinden!"*

Den Kristall mit beiden Händen umfassend, erfühlen Sie noch einmal die Kraft, die in ihm gesammelt ist, und halten, solange Sie können, in Gedanken den Satz fest:

*„Meine Lebenskraft, meine magische Kraft,
meine lichtvolle Macht wird niemals durchbrochen
oder von mir genommen sein;
jeder, der sie und mich fühlt, wird mit mir auf ewig
verbunden bleiben!"*

Danach wird der Kristall wieder vor die Kerze gelegt. Dann schreiben Sie mit rosa Stift auf das vorbereitete Blatt Papier,

*„Ich bin Licht, gehe den Weg des Lichtes,
sende Licht und bitte mit Lichtmagie wirken zu dürfen!"*

das Sie danach in den Flammen der weißen Kerze verbrennen. Blasen Sie die Kerzen nun langsam aus und senden Sie einen Dank an Ihre Schutzmächte. Die Ritualreste werden in einem Säckchen aus weißer Seide achtmal mit einem weißen Band gebunden, mit Weihrauchöl beträufelt und noch in derselben Nacht Ihrem Element übergeben. Der Raum, in dem Sie die Zeremonie durchgeführt haben, soll danach gut durchgelüftet werden.

Im Uhrzeigersinn versprengen Sie Weihwasser, sprechen dabei ein Gebet für alle verirrten Seelen, die ihren Frieden und den Weg ins Licht finden mögen. Ein weißes, brennendes Teelicht, welches Sie in das nach Osten gerichtete Fenster stellen, soll diese Bitte unterstützen. Erschöpfung und Begleiterscheinungen, wie auf Seite 21 beschrieben, sind in dieser ersten Ritualnacht zu erwarten. Auch Träume, die Ihnen möglicherweise Botschaften vermitteln, sind nicht ungewöhnlich. Vor dem Zubettgehen ist die körperliche Reinigung und Erdung der allerletzte Teil dieser Ritualnacht. Jetzt gehören Sie zu den weißen Magiern, sind am Beginn, über eine große Macht zu verfügen, was eine verantwortungsvolle Aufgabe und ein höherer Auftrag ist.

Vom Schatten ins Licht

Um sich von schwermütigen Gedanken zu befreien, Schatten auf der Seele aufzulösen, Klarheit zu finden, in seine innere Mitte zu kommen, ist dieses Ritual, das einfach durchgeführt wird, eine wirksame Stütze. Negative Energien werden damit aufgelöst, Kraft und Klarheit aufgebaut.

Die wichtigsten Ingredienzien

Eine blaue Kerze, weiße Lilien oder Rosen, einen Kristall, Johanniskrautöl, Weihrauch, eine Kristall- oder Glasschüssel mit Wasser, eine feuerfeste Platte, zu Ihrem Schutz etwas Quellwasser und Salz.

Der ideale Zeitpunkt

Abnehmender Mond

Das Ritual

Nach Ihrer mentalen Reinigung entzünden Sie einige Weihrauchkörner auf Glühkohle, um sich geschützt öffnen zu können, und danach ritzen Sie Ihren Namen auf die blaue Kerze. Salben Sie diese anschließend mit Johanniskrautöl und gehen Sie in sich. Entzünden Sie die Kerze, blicken Sie in die Flammen, rufen Sie Ihre Schutzgeister und alle höheren göttlichen Mächte an, Sie zu befreien von Ihrer Schwermütigkeit und aller Last, die auf Ihrer Seele liegt. Atmen Sie ruhig ein und aus; bei jedem Ausatmen visualisieren Sie, wie die Schatten aus Ihrem Körper zum Licht hingezogen werden, sich darin auflösen und Sonnenstrahlen entstehen. Wenn Sie einatmen, konzentrieren Sie sich dabei auf den Gedanken, daß Licht auf Sie einströmt. Nachdem Sie das einige Male gemacht haben und Sie in einen gewissen Atemrhythmus gekommen sind, konzentrieren Sie sich beim Ausatmen, ob Sie in den dunklen Wolken Bilder erkennen, die Belastungen darstellen. Verabschieden Sie sich von diesen Eindrücken, Erfahrungen und von den Bildern der Enttäuschung und atmen Sie noch konzentrierter die Lichtstrahlen, die Sie durch die Kerze wahrnehmen können, ein. Verspüren Sie Konzentrationsschwäche, Müdigkeit oder Erschöpfung, beenden Sie das Ritual für diesen Tag. Sie sollten allerdings nicht mehr als drei Tage dafür verwenden, um eine innere Reinigung und den Großteil Ihrer psychischen Belastungen mit dieser Zeremonie aufzulösen. Am 3. Tag beträufeln Sie die Wachsreste der Kerze mit Weihrauchöl und verstreuen die gebrochenen Wachsreste möglichst in der Nähe eines Ortes, wo Bäume des Friedens (z.B. Birken) wachsen, im Freien. Dieses Ritual können Sie so oft es Ihnen notwendig erscheint, an Tagen des abnehmenden Mondes wiederholen. Allerdings nie länger als drei Tage hintereinander.

Wo liegt der nächste Schritt meiner Zukunft?

In welche Richtung soll ich meinen nächsten Schritt tun, um in meinem Leben am besten weiterzukommen? Diese Frage stellen sich viele Menschen immer wieder. Oft sind Problemlösungen in unterschiedlichen Bereichen zur selben Zeit notwendig. Die richtigen Antworten zu finden ist Ziel des folgenden Rituals. Sie bitten dabei die göttlichen Mächte, Bilder Ihrer Zukunft zu zeigen, einen Spiegel der Wahrheit und Klarheit durch den Schein der Kerzen zu zeigen. Die Wahrheit ist oft mit Arbeit verbunden, für die man bereit sein muß.

Die wichtigsten Ingredienzien

Kerzen in den Farben rot, orange, gelb, grün, blau, violett.
Stoff, der alle spirituellen Farben spiegelt, Kräuter, Räucherwerk, Öle, die nur der spirituellen Erweiterung dienen oder der Stärkung der magischen Fähigkeiten. Die Salbung der Kerzen ist mit den jeweiligen Ölen zum Thema passend vor dem Ritual durchzuführen. Ritzen Sie in jede Kerze mit einem Holzstäbchen einer Weide das betreffende Thema, für welches Sie um Rat und Antwort fragen wollen.

Der ideale Zeitpunkt

Zunehmender Mond

Das Ritual

Stellen Sie die Kerzen in der Reihenfolge der oben angeführten Farben dicht nebeneinander in einem Kreis aus Salz auf. Die restlichen Ingredienzien plazieren Sie wie auf Seite, 29 beschrieben, ebenfalls innerhalb des Kreises. Mit der roten Kerze beginnend, entzünden Sie der Reihe nach die Kerzen. Sammeln und entspannen Sie sich, während Sie in die Flamme blicken, bevor Sie in Gedanken die vorbereiteten Fragen zum jeweiligen Thema, für das die Kerze steht, an Ihre Schutzgeister oder Schutzengel richten.

Rot:	steht für das Partnerschaftsthema.
Orange:	steht für Eigenliebe oder Selbstliebe, emotionale Bindungen.
Grün:	ein Hinweis auf materielle Prüfungen.
Blau:	ist ein Hinweis dafür, seine Einstellung zur Liebe in allen Lebensbereichen neu zu überdenken, auch ein Hinweis, mehr an seiner Weiblichkeit zu arbeiten.
Violett:	gibt Ihnen Antworten auf Ihre spirituellen Entwicklungsschritte.

Achten Sie, während Sie in die Flammen blicken, auf Antworten, die in folgender Art und Weise wahrgenommen werden können:

Bilder, Emotionen, Reime oder Sätze hören, aber auch ein Symbol oder Wort, das in den Flammen der Kerze erkannt wird, ist eine Antwort, die Sie anschließend deuten müssen.

Die Kerzen sollten alle zur Gänze abgebrannt werden, das Wachs ineinander fließen und nach dem Erkalten der Wachsreste gedeutet werden. Auf Grund der Farben, die überwiegen, beziehungsweise der Hauptfarbe, die noch erkennbar ist, sehen Sie, welche nächste große Aufgabe oder Lebensprüfung vor Ihnen steht.

Dieses Ritual ist sehr anstrengend, denn es fordert Ihre hundertprozentige Konzentrationsfähigkeit. Notieren Sie sofort die Antworten und Emotionen, die Sie empfunden und wahrgenommen haben, ab der ersten Kerze, bevor Sie mit Ihren Fragen zur nächsten weitergehen. Es muß nicht sein, daß Sie noch in derselben Nacht das vermittelte Orakel deuten können; bewahren Sie daher die Wachsreste sorgfältig auf, denn sie beinhalten den Verlauf Ihrer Zukunft und können Ihnen in nächster Zeit immer wieder eine Hilfe sein. Sie dürfen auf keinen Fall zerbrechen. Alle übrigen Ritualzutaten übergeben Sie einem Fluß.

Gerechtigkeit

Hier handelt es sich um ein Ritual, das Blockaden löst, allem Übel ein Ende setzt, Ungerechtigkeiten, die Ihnen im Leben immer wieder widerfahren, verbannt und Sie von den belastenden Energien befreit. Es ist dabei unbedeutend, ob Sie in dieser Zeremonie Vergangenes oder eine gegenwärtige Situation ansprechen oder bevorstehende Ungerechtigkeiten befürchten.

Die wichtigsten Ingredienzien

Eine gelbe Lilie (oder eine andere Blüte aus der Familie der Liliengewächse), gelbe Rosen oder Chrysanthemen, Ringelblumen, acht weiße Teelichter, Lavendel, Wacholderbeeren, Kamille, Weihrauchkörner, Kristall (oder Ihren Stein), gelbe Seide.

Der ideale Zeitpunkt

Abnehmender Mond Juni bis August

Vorbereitung

Bereiten Sie sich mental vor, indem Sie selbst mit den Verursachern inneren Frieden schließen, um so vor dem Ritual keine Emotion, die negativ ist, in sich zu tragen. Das Hauptelement und die Symbolik sind Stiefmütterchen. Ihre Zeichnung symbolisiert Ihr Selbst, das voll Licht ist und mit Schatten der Ungerechtigkeit behaftet wurde. Weiters benötigen Sie dazu gelbe Lilien, die symbolisieren und ein Signal setzen, daß Sie mit Ihren Widersachern innerlich bereits Frieden geschlossen haben, gelbe Rosen als ein Zeichen des Lichts und Ringelblumen, die den Wunsch nach Heilung und Befreiung symbolisieren. Andere gelbe Blüten, zu denen Sie einen Herzenszugang haben, sollten ebenfalls dabei verwendet werden und die Sonne, die in Ihrem Herzen lebt, darstellen.

Das Ritual

Beginnen Sie dieses Ritual mit einem Gebet an die göttlichen Mächte oder Schutzgeister, um ihre Hilfe und Unterstützung gegen die an Ihnen begangenen Ungerechtigkeiten zu erbitten. Die dunklen Stellen in den Stiefmütterchen symbolisieren die Ungerechtigkeiten. Lassen Sie die Bilder der Situationen, in denen Ihnen Ungerechtigkeit widerfahren ist, Revue passieren.

Die Kerze, der Kristall und die Weihrauchkegel sollten auf einer Unterlage, welche die Farbe des Elementes Wasser hat, aufgebaut sein. Ebenso wichtig ist es, daß die übrigen Ingredienzien auf gelber Baumwolle hergerichtet werden.

Wie bei jedem Ritual ist ein begrenzender Kreis mit Lavendel, in diesem Fall möglichst frisch, und Meersalz aufzubauen. In die Mitte neben der Kerze plazieren Sie einen Kristall, der Sie schützt und jene Energien, mit denen Sie behaftet sind, speichern und neutralisieren soll. Weiße Teelichter, die Sie ebenfalls an den äußeren Rand plazieren, sollen einen Lichtkreis symbolisieren, der Sie von nun an umgeben und schützen wird. Wacholderbeeren und Kamillenblüten verstreuen Sie nach Ihrem Empfinden über die anderen Ingredienzien. Diese Kräuter stärken Ihre spirituelle Kraft und heilen, wie es bei der Kamille der Fall ist, Ihre verwundete Seele. Die Stiefmütterchen sollten Sie, wenn sie in der letzten Blütenperiode stehen, in einer Nacht bei abnehmendem Mond pflücken.

Diese Blüten können Sie auch getrocknet verwenden. Wie bei manchen anderen Blüten und Kräutern verstärkt es die Wirkung, wenn Sie diese selbst pflücken, wenn der richtige Termin zum Pflücken eingehalten wird und Sie die Blüten selbst aufbewahren, um sie zu gegebener Zeit zu verwenden. Somit können Sie sicher sein, daß Ihre Stiefmütterchen mit der stärksten Energie und Kraft behaftet sind.

Entzünden Sie nun die Weihrauchkegel, die Ihnen Schutz vor Besetzung geben. Reinigen Sie, wie anfangs angeführt, Ihre spirituellen Punkte; entspannen Sie sich, konzentrieren Sie sich in Gedanken auf Ihren Schutzgeist, Schutzengel, auf die göttliche Kraft, die Ihnen helfen wird, das Ritual zu wirken. Getrocknete Stiefmütterchen werden in der Räucherschale mit folgenden Worten verbrannt:

„Nie mehr wird mir Ungerechtigkeit widerfahren!“

Frische Stiefmütterchen werden mit einem roten Faden, nahe den Blütenköpfen, mit drei Knoten verbunden. Dazu wird der folgende Satz gedacht oder gesprochen:

„Die Ungerechtigkeit ist gebunden
und kann nicht mehr auf mich wirken!“

Entzünden Sie nun die Kerze und die Teelichter. Blicken Sie in vollster Konzentration in die Flamme der Kerze und lassen Sie noch einmal alle Situationen, in denen Ihnen Ungerechtigkeit widerfahren ist, an sich vorüberziehen. Lösen Sie die negativen Emotionen und belastenden Erinnerungen im Licht der Flammen auf, und nehmen Sie in Ihrer Vorstellungskraft wahr, daß Ihnen aus diesem spirituellen Kreis der Blüten, Kräuter und des Kristalls ein Licht des Friedens entgegenkommt. Nehmen Sie diese Energie in sich auf. Während Sie jetzt in die Flammen blicken, erkennen Sie, daß sich jetzt alle Belastungen und Blockaden in Ihnen lösen, dieses Licht bis in die Tiefen Ihrer Seele eindringt; öffnen Sie Ihr Herz, Ihre Seele, breiten Sie symbolisch auch Ihre Arme aus, die Handflächen zur Kerze hin richtend und konzentrieren Sie sich auf den Satz:

„Die göttliche Kraft, die Kraft der Elemente, verhindern
in Zukunft, daß mir Ungerechtigkeit widerfährt!“

„Ich bin bereit und frei für Licht und Liebe,
um dieses in meinem Leben empfangen zu können!“

Halten Sie so lange wie möglich an diesen Worten konzentriert fest. Sehen Sie sich nun im Licht der Flammen umgeben von Blüten, geschützt von oben; manifestieren Sie dieses nun aufsteigende Glücksgefühl in Ihrem Herzen, blasen Sie die Kerze aus, schließen Sie die Augen und sprechen Sie ein kurzes Gebet, um Ihren Dank für den Schutz und die Hilfe auszudrücken. Alle Ingredienzien bündeln

Sie nun in Ihrer gelben Baumwollunterlage, verschnüren diese mit einem weißen Band und übergeben Sie noch in derselben Nacht des abnehmenden Mondes Ihrem Element. (Siehe auf Seite 150 – Was passiert mit den Resten eines Rituals?)

Beim Abbau zuerst den Kristall oder Ihren Stein entfernen, danach die Kerzen abbrennen lassen. Die verbleibenden Reste werden in ein gelbes Baumwollsäckchen gegeben und in einen Fluß geworfen. Bei der Variante mit den frischen und in der Folge gebundenen Stiefmütterchen werden diese separat in den Fluß geworfen. Beim Wegwerfen soll man den davonschwimmenden Resten nicht nachsehen.

Kraft

Dieses Ritual ist für Kraftaufbau des Partners oder Menschen, die wir lieben, gedacht. Besonders schön ist diese Zeremonie, wenn sie mit dem Partner zelebriert wird.

Die wichtigsten Ingredienzien

Rote Rosen, zwei rote Kerzen, Lorbeer-, Kastanienblätter, Lavendel werden als Räuchermischung verbrannt, Zimtöl zum Kerzensalben, Blutstein, rote Seide.

Der ideale Zeitpunkt

Zunehmender Mond

Das Ritual

Stellen Sie sich mental in die Flammen, allein oder mit der Person, der Sie Kraft geben wollen. Alle spirituellen Punkte werden geöffnet. Während Sie in den Flammen stehen, fühlen Sie, wie die Kraft der Elemente zu Ihnen aufsteigt. Danach treten Sie mental auf den Blutstein und bleiben dort ca. 10 Sekunden stehen. Schließen Sie diese Energie nun in Ihren Fußsohlen ein. Diese Visualisierung gilt auch, wenn Sie das Ritual mit anderen oder für andere zelebrieren.

Das Schutzritual

Menschen, die Ihnen am Herzen liegen, in schwierigen Lebenssituationen stehen und Schutz vor Gefahren oder negativen Energien brauchen, werden in diesem Ritual unter den Schutz der höheren Mächte gestellt.

Die wichtigsten Ingredienzien

Eine blaue Kerze, weiße Rosen, weiße Teelichter, Lavendel, Salbei, Kamille, Weihrauchöl, Kristall.

Der ideale Zeitpunkt

Zunehmender Mond

Das Ritual

Bauen Sie nach der Skizze auf Seite 29 die oben genannten Hilfsmittel auf und visualisieren Sie das Bild der entsprechenden Person in der Kerzenflamme. Hüllen Sie diesen Menschen in Licht, das Sie von Ihrem Seelenpunkt (dem Nabel) auf sein Bild aussenden. Gleichzeitig visualisieren Sie sich Bilder, die außerhalb des Lichtkreises stehen, auf denen alles, was ihn bedroht, dargestellt ist. Lösen Sie die Visualisierung auf, indem Sie ihn vor sich im Licht sehen, mit geöffneten Armen, die sich zu Ihnen hin richten, und die visualisierten negativen Bilder von einer Windböe erfaßt werden und ins Universum fliegen.

Sprechen Sie als Abschluß ein Gebet und danken Sie Ihren Schutzgeistern, Schutzengeln und allen guten Seelen für ihre Hilfe. Danach sammeln Sie die Überreste der Hilfsmittel und die abgebrannten Kerzen, und verstreuen sie auf einem Hügel, damit der Wind sie mitnehmen kann. In diesem Ritual ist nämlich das Element Luft Ihr Bote.

Die schönsten Liebesrituale

Den Geliebten zu sich ziehen

Eine Frau, die liebt, läßt sich durch Behinderungen, die den geliebten Partner von ihr fernhalten, nicht entmutigen, sondern wirkt mit der weißen Magie die Zusammenführung in Liebe mit ihm. Dieses Ritual gibt Ihnen die Möglichkeit, in noch so ausweglos scheinenden Situationen, sei es durch örtliche Trennung, gesellschaftliche Unterschiede oder innere Beklemmungen des Partners, ihn an sich zu ziehen. Wie von einem Magneten angezogen, wird der Geliebte, nach richtiger Durchführung dieses Rituals, unbeirrt von allem Störenden, seinen Weg zu Ihnen finden. Zu berücksichtigen ist dabei jedoch der Zeitfaktor. Zweifeln Sie daher niemals an der Wirksamkeit Ihres Zaubers, verbannen Sie Ungeduld aus Ihrem Herzen, denn dies könnte zeitliche Verzögerungen mit sich bringen. Gesammelte Informationen über seine aktuelle Situation werden Ihnen nach logischem Überdenken einen Hinweis geben, wann der Zeitpunkt für die Erfüllung Ihres Wunsches realistisch ist.

Die Kräfte, die in diesem Ritual genutzt werden, bewirken zwar Beschleunigung und die Erfüllung Ihres Zieles, aber keine Wunder. Da Sie mit Lichtenergien arbeiten, erwirken Sie auch nicht, daß der Partner sich plötzlich aus Verpflichtungen löst, wenn dadurch anderen Menschen Leid und Schaden zugefügt wird.

Die wichtigsten Ingredienzien

Sieben gelbe Rosen in voller Blüte, eine weiße Rose, Lavendel, Rosenquarz und Bergkristall, einige Tropfen Bergamotte- und Zimtöl, zwei Stück kleine rote Lederbeutel, Senfkörner, zermahlene Kastanien, ein rotes Band, weiße Seide oder ein anderer weißer Stoff als Unterlage, eine weiße Kerze (für ihn und die Reinheit des Geistes), eine gelbe Kerze (für Sie und die Kraft Ihrer Liebe), eine Kristall- oder Glasschüssel mit Wasser, eine feuerfeste Unterlage für die Kerzen (eventuell eine weiße Untertasse). Zum Schutz gegen negative Einflüsse Quellwasser und Salz.

Der ideale Zeitpunkt

Zunehmender Mond

Das Ritual

Auf weißer Seide als Unterlage bilden Sie mit Meersalz und Lavendel zwei Kreise. Salben Sie die vorbereiteten Kerzen mit Bergamottöl und konzentrieren Sie sich dabei in Gedanken auf einen lichtdurchfluteten Weg, an dem Sie Ihren Partner mit ausgebreiteten Armen auf sich zukommen sehen – besonders wenn Sie die weiße Kerze, die für ihn steht, salben. In die Mitte der Kreise stellen Sie die weiße Kerze, in die Sie den Vornamen Ihres Lebenspartners eingeritzt haben, und eng, wie sich aneinanderschmiegend die gelbe Kerze, die Ihren Namen trägt, dazu. Jetzt binden Sie die beiden Kerzen mit dem roten Band, das mit Zimtöl beträufelt wurde und auf dem geschrieben steht:

„Dein Weg führt Dich zu mir, denn ich bin und bleibe in Deinem Herzen immer bei Dir!"

Entzünden Sie die beiden Kerzen und sehen Sie in den Flammen, wie Sie beide langsam aufeinander zugehen und sich in Liebe umarmen. Dieses Bild halten Sie in Gedanken fest und streuen nun die Blütenblätter der gelben und weißen Rose, etwas Lavendel, Senfkörner und zermahlene Kastanien rund um die Kerzen. Lassen Sie Ihre Gedanken und Intuitionen in eine gemeinsame Zukunft mit ihm abschweifen, während Sie den Bergkristall und den Rosenquarz auf die Blüten neben den Kerzen legen. Ihre Hände umfassen die Steine, deren Kraft Sie in Ihren Körper einströmen fühlen. In Ihrem Seelenpunkt sammeln Sie diese Energie und senden sie von dort aus in die Flammen, in welchen Sie ihn wieder auf sich zukommen sehen. Wenn die beiden Kerzen zu einem Drittel abgebrannt sind, löschen Sie die Kerzen mit einem Ausatmen aus und wiederholen das Ritual in den beiden aufeinanderfolgenden Nächten. Allerdings erst ab Beginn jenes Ritualteiles, bei dem Ihre Hände die Steine berühren. Achten Sie darauf, daß zwischen den Ritualen niemand den Raum, in dem Sie das Ritual zelebrieren, betritt. In der dritten Nacht müssen die beiden Kerzen miteinander zur Gänze verschmolzen sein und die Überreste aller Hilfsmittel verbrannt werden. Die letzten Reste und kleine Teile der verwendeten Steine sollten Sie teilen und in zwei Lederbeutel von roter Farbe geben. Die Lederbeutel mit ihrem Inhalt sind Talismane. Fügen Sie dem Inhalt noch einmal Senfkörner und zermahlene Kastanien hinzu, um die Wirkung zu verstärken. Die Lederbeutel werden mit acht Knoten gebunden, mit Quellwasser beträufelt und in dieser Nacht an Ihrem Körper in der Herzgegend getragen. Ein Talismansäckchen sollten Sie immer bei sich tragen und das zweite Ihrem Partner in einer Vollmondnacht zum Geschenk machen.

Leidenschaft und ewige Bindung

Dieses Ritual empfiehlt sich bei bestehenden Beziehungen, aber auch in der Anfangszeit Ihrer Liebe zueinander. Das wichtigste dabei ist genau zu überprüfen, ob Sie sicher sind, daß der Mann, den Sie lieben, Ihr Lebenspartner ist. Mit diesem Ritual wollen Sie schließlich nicht nur eine leidenschaftliche Liebe zueinander, sondern auch eine emotionale, psychische und mentale ewige Bindung bewirken. Was Sie damit nicht verändern können, sind die Charaktereigenschaften Ihres Partners. Sie binden ihn an sich, so wie er ist, mit allen Vor- und Nachteilen, die ihm eigen sind.

Die wichtigsten Ingredienzien

Ein Stück rote Seide als Unterlage, zwei rote, eine gelbe Rose, ein Birkenzweig, ein Weidenzweig, etwas Lavendel, ein Roßkastanienzweig, Kastanienrinde, Wermutkraut, Fenchelsamen, Weihrauchkörner, Weihrauchöl, Lotusöl, eine rote Kordel, gelbes Papier, Räuchergefäß, Glühkohle, roter Stift, acht weiße Teelichter.

Der ideale Zeitpunkt

Vollmond

Das Ritual

Nach sorgfältiger Vorbereitung aller Zutaten für Ihre Zeremonie und – wie bei jedem Ritual üblich – mentaler Reinigung entzünden Sie eine Weihrauchmischung aus Wermutkraut, Kastanienrinde und Fenchel, vermischt mit einigen Weihrauchkörnern, in einem Räuchergefäß. Anschließend entzünden Sie acht Teelichter, die Sie halbmondförmig vor sich hinstellen und einen offenen Lichtkreis darstellen. Konzentrieren Sie sich jetzt in Gedanken auf das Bild Ihres Partners und beginnen Sie damit, den Birkenzweig, den Weidenzweig, den Roßkastanienzweig und Lavendel mit den zwei roten und der gelben Rose zu binden. Während dies geschieht, öffnen Sie Ihr Herz und hüllen ihn gedanklich in ein Licht voll Liebe. Auf gelbem Papier schreiben Sie die Worte mit rotem Stift:

„Wir sind in Leidenschaft auf ewig aneinander gebunden!"

Rufen Sie mit Ihrer ganzen Kraft geistig alle höheren Mächte und Kräfte, die für die Liebe wirken, um Hilfe und Segen für Ihr Vorhaben an. Das gelbe Papier wird zu einer Rolle gedreht, auf den Strauß, der vor Ihnen liegt, gelegt und mit der verbliebenen Kordel achtmal verknotet. Bei jedem Knoten denken Sie an Ihren Partner und wiederholen die oben angeführten Worte. Mit Lotus- und Weihrauchöl werden die Blüten und die Knoten der Kordel beträufelt, dadurch wirkt Ihr Ritual auf die Sinne, die Seele und das Herz Ihres Partners, und seine Leidenschaft wird entfacht. Als Abschluß umarmen Sie symbolisch Ihren Lichtkreis, in dessen Mitte Ihr Bund der Leidenschaft liegt, und umhüllen diesen noch einmal mit Liebesenergie, die wie ein Sonnenstrahl aus Ihrem Herzen und aus Ihrer Seele strömt. Senden Sie mental einen Dank an Ihre höhere Führung und plazieren Sie Ihren magischen Strauß mit den Blüten nach Osten weisend in Ihrem Schlafzimmer.

Die Gedanken des Geliebten erkennen

Dieses Ritual dient dazu, die Gedanken des geliebten Menschen zu erkennen. Sind diese Gedanken negativ oder blockierend, so werden Sie von Ihnen in eine positive Darstellung umgewandelt und an ihn zurückgesendet.

Die wichtigsten Ingredienzien

Eine weiße Kerze, Salz, gelbe Rose, Bergamotte- und Zimtöl, eine Weihrauchmischung bestehend aus einem Teil Kamille, einem Teil Sellerie und einem Teil Rosmarin; weißer Stoff als Unterlage.

Der ideale Zeitpunkt

Vollmond

Das Ritual

Als Unterlage legen Sie bitte den weißen Stoff auf. Ritzen Sie mit einem angespitzten Holzstöckchen in die weiße Kerze den Namen Ihres Geliebten. Während Sie dies tun, konzentrieren Sie Ihre

Gedanken auf ihn. Danach salben Sie die Kerze mit Bergamottöl, entzünden sie und stellen sie in einen Kreis aus Salz. Verbrennen Sie in einer Räucherschale die Weihrauchmischung und blicken Sie anschließend in die Flammen. Senden Sie ihm all Ihre Liebe und nehmen Sie die gelbe Rose in die Hand. Während Sie durch die Flammen sehen, öffnen Sie vor der Kerze ganz langsam die Rosenblüte und sammeln Ihre Gedanken. Konzentrieren Sie sich auf die Worte:

„Wo sind Deine Gedanken, öffne Dich für meine Worte und für meine Liebe, für unsere Zukunft und was ich Dir sende!"

„Nimm mich wahr und fühle meine Hände!"

Bei diesem Ritual ist es wichtig, Bilder und Emotionen wahrzunehmen, die, während Sie die Rosenblüte vor der Kerze öffnen, in Ihr Bewußtsein treten.

Sie werden Botschaften aus seinem Unterbewußtsein empfangen und für sich richtig deuten können; jeden Gedanken, der als ablehnend oder blockierend empfunden wird, sollten Sie durch eine positive Darstellung ersetzen, ergänzen und an ihn zurücksenden. Nach Abschluß des Rituals werden die Ritualreste, sprich die Rosenblüte, die Weihrauch- und Kerzenreste noch in derselben Nacht über die linke Schulter in ein fließendes Gewässer geworfen.

Liebe, Sehnsucht

Wenn Sie mit Ihrem Partner noch in Liebe verbunden sind, aber von ihm getrennt sind, hilft Ihnen dieses Ritual, in ihm Sehnsucht nach Ihnen zu wecken. Sie sollten sich jedoch ganz sicher sein, daß Sie noch wirkliche Liebe für ihn empfinden, denn die weiße Magie kann nur durch reine Liebe etwas bewirken.

Die wichtigsten Ingredienzien

Salbei, Kamillenblüten, rosa getrocknete Rosenblüten, Lavendel, Moschusöl, Zimt, eine rote Kerze, ein weißes Band, Meersalz, ein weißes Baumwollsäckchen.

Der ideale Zeitpunkt

Vollmond oder zunehmender Mond

Das Ritual

Verbrennen Sie in einer Schale den Salbei, die Kamillenblüten, die rosa Rosenblüten und den Lavendel. Beträufeln und bestreuen Sie anschließend die Asche mit Moschus und Zimt. Stellen Sie nun die rote Kerze, in die Sie Ihre beiden Vornamen eingeritzt haben, in die Asche und binden Sie um die Kerze ein weißes Band, auf dem Sie die Worte „Unsere Sehnsucht, unsere Liebe wird sich erfüllen", geschrieben haben. Entzünden Sie die Kerze, und während sie niederbrennt, holen Sie sich alle schönen Erlebnisse mit Ihrem Partner ins Gedächtnis zurück, konzentrieren sich auf ihn und senden ihm diese Bilder in sein Unterbewußtsein. Er wird sie empfangen und Sehnsucht nach Ihrer Nähe empfinden.
Die Überreste der abgebrannten Kerze und die übrigen Ritualreste mischen Sie mit Meersalz und füllen alles in ein weißes Baumwollsäckchen. Dieses Säckchen wird mit einem roten Band zugebunden, dreimal verknotet und anschließend in einen Fluß geworfen.

Den Einfluß der Rivalin verbannen

Werden Sie durch eine Rivalin in Ihrem Lebensfluß beeinträchtigt, vielleicht sogar verfolgt bzw. in Ihrem Partnerschaftsleben blockiert, dann hilft Ihnen dieses Ritual, sich von dem negativen Einfluß zu befreien. Nicht nur den Einfluß der Person, sondern auch den Kontakt, ja sogar die Möglichkeit, sich in Ihre Nähe zu drängen und in Ihrem Lebensbereich einen Platz innezuhaben, werden Sie Ihr mit diesem Ritual für immer verwehren können. In dieser Zeremonie wird erreicht, daß alles Negative einer Person und auch ihre Präsenz selbst aus Ihrem Leben für immer verbannt wird. Vor Beginn Ihres Wirkens ist es jedoch unbedingt notwendig, daß Sie genau überprüfen, ob es wirklich rechtens ist zu verbannen. Bedenken Sie dabei, daß in Ihnen selbst keine Emotionen wie Haß oder Aggression sein dürfen. Denn dies würden Sie im Ritual aussenden, und wie wir wissen, kommt alles Negative, das wir aussenden, vielfach zurück. Bewirkt werden soll, daß Sie eine bessere Lebensqualität erreichen, eine glücklichere Partnerschaft oder eine friedvolle und harmonische Atmosphäre in Ihrem Berufsleben haben, um so mit Herz und Verstand Ihr Leben weiter in Ruhe bestreiten zu können.

Dieses Ritual ist nicht nur auf Rivalinnen in der Liebe bezogen, sondern generell dafür gedacht, Negatives und Menschen, die nicht in Ihr Leben gehören, aus Ihrem Alltag zu verbannen.

Sie bewirken damit nicht, das Leben der anderen, der Rivalin, zu zerstören oder der Person zu schaden, sondern nur, den Einfluß aus Ihrem Umfeld zu lösen. Ihre persönliche Einstellung vor Beginn des Rituals sollte daher sachlich und neutral sein. Sie sollten davon überzeugt sein, daß Ihnen die Rivalin/der Rivale schadet, ihre/seine Verhaltensweise nicht rechtens ist und diese Person Ihre Lebenseinstellung, Ihre Ziele, Ihren Charakter und Ihr Leben negativ belastet. Können Sie dies mit einem deutlichen Ja beantworten, dann sind Ihre persönlichen Voraussetzungen für das Ritual gegeben. Überlegen Sie aber vorher genau, ob der Zeitpunkt für Sie selbst der richtige ist – Sie können danach nichts mehr rückgängig machen. Oft sieht man in einem Menschen einen Rivalen und übersieht dabei, daß nur ein Teil seines Verhaltens belastet, ein anderer Teil aber sehr von Nutzen sein kann. Ein Beispiel dazu, das so mancher von uns Frauen schon passiert ist: die Schwiegermutter als Rivalin akzeptieren zu müssen, man unter ihrem Einfluß leidet, aber andererseits viel Gutes und Hilfe durch sie erfährt. Achten Sie daher während des Rituals gedanklich auf jene Bereiche und Schattenseiten der Person, die Sie verbannen möchten, falls sie diese zum Teil als positiv, zum Teil als Belastung erleben.

Die wichtigsten Ingredienzien

Eine weiße Kerze, ein Opal, purpurfarbener Stoff, ein purpurfarbenes Band, Eisenkraut, Wermut, Beifuß, Zedernöl, eine Distel, ein kleiner Birkenzweig, eine weiße getrocknete Rose.

Der ideale Zeitpunkt

Abnehmender Mond, vorzugsweise ein Dienstag

Das Ritual

Als Unterlage verwenden Sie bitte purpurfarbenen Stoff, der einen kraftvollen Boden für Ihr Ritual darstellen soll. Entzünden Sie nun in einem Gefäß eine Mischung zu gleichen Teilen aus Eisenkraut, Wermut und Beifuß, um so durch diese Räucherung Kraft und Stärke zu erlangen, mit der Sie Unterstützung finden, um sich von den Einflüssen Ihrer Rivalin zu befreien.

Nun ziehen Sie einen Kreis aus Salz. Innerhalb dieses Kreises wird nun in eine weiße Kerze mit dunkelrotem Stift der Name der Rivalin eingeritzt und ein Birkenzweig, eine Distel und eine weiße Rose mit einem purpurfarbenen Band auf die Kerze gebunden.

Während Sie die weiße Kerze mit Olivenöl salben, sollten Ihre Gedanken folgende sein:

„Ich hole die Schattenseite meiner Rivalin in die Kerze."

Während Sie die Distel dazubinden:

„Mit meiner Kraft und mit Hilfe aller Elemente und einer höheren Führung werde ich die Stacheln, die von ihrem Herzen zu mir führen, für immer zum Erlöschen bringen."

Nun binden Sie die Birke dazu und konzentrieren sich in Gedanken auf die Worte:

„Es wird in meinem Herzen und zwischen uns immer Frieden herrschen, meine Rivalin soll sich in Frieden zurückziehen, und ihre Schattenseiten werden sich in Lichtenergie auflösen."

Die weiße Rose folgt, und Ihre Gedanken sind:

„Liebe anstatt Schatten, Frieden anstatt Haß wird ab sofort in ihrer Seele sein. All dies binde ich in ihr und mit ihr."

Das purpurfarbene Band wird nun um die Kerze und die Zweige gebunden und mit einem dreifachen Knoten zusammengeschnürt.

Bei jedem Knoten konzentrieren Sie sich auf den Gedanken:

„Was ich erwirke, wird gebunden sein für immer und verdammt im Diesseits und im Jenseits bleiben."

Lassen Sie die Kerze jetzt niederbrennen, und sehen Sie in Ihrer Vorstellungskraft im Licht der Flamme die Person, behaftet mit dunklen Wolken, die sich durch Ihre Kraft und kosmische Energie, die durch Sie hindurchfließt, auflösen und Ihre Rivalin in ein Licht aus Liebe und Frieden einhüllen. Sie sehen in der Visualisierung, wie sich Ihre Rivalin bzw. ihre Schattenseiten von Ihnen entfernen und sich auflösen. Nachdem die Kerze zur Gänze abgebrannt ist, legen Sie in die Ritualreste einen Opal, verschnüren alle Reste in ein purpurfarbenes Tuch und vergraben dieses Säckchen noch in derselben Nacht in der Erde. Danach ist es unbedingt notwendig, sich mental zu reinigen. Die Wirkung Ihres Rituals werden Sie schon bald am Verhalten der Person erkennen.

Wahre Liebe und Verbundenheit

Steht eine Partnerschaft in einer Krisensituation und ist Ihr Partner für klärende Gespräche nicht offen, geht er auf Motivation durch Aufmerksamkeiten Ihrerseits nicht ein, stellt er sich ablehnend Ihrer Beziehung gegenüber, zieht er sich in sich zurück und reagiert er introvertiert, dann ist einer liebenden Magierin mit diesem Ritual sehr gut geholfen. Auch wenn eine Verbindung am Beginn steht und Ihnen bewußt ist, daß der Partner vor einem Neubeginn Angst hat, durch Vergangenheitsprägungen oder nicht verarbeitete Enttäuschungen eine innere Hürde zu überwinden hat und aus diesem Grund nicht in der Lage ist, sich in Liebe fallenzulassen. Mit Hilfe der Magie ist es leicht, diese Hindernisse ausräumen zu helfen. Als persönliche Vorbereitung ist nicht mehr notwendig, als wirkliche Liebe für diesen Mann zu empfinden und Ihr fester innerer Entschluß: Ich will mit diesem Mann leben, ich bin bereit, meine Kraft für ihn einzusetzen, an unserer Beziehung zu arbeiten, mich als Frau voll und ganz in die Beziehung einzubringen und die Geduld zu haben, den Zeitpunkt zu erwarten, an dem mein Ritual Wirkung zeigt: ohne Druck und ohne daß ich ihn verbal in die Enge treibe. In Ihren Gedanken sollte sich in diesem Ritual manifestieren: Ich gebe den höheren Mächten Zeit. Und ich gebe auch unserer Liebe Zeit, sich zu entwickeln, seiner Seele Zeit zu reifen und sich zu befreien.

Die wichtigsten Ingredienzien

Rosa und weißer Stoff, rosa und weiße und rote Rosen, Rosenquarz, Bergkristall, Tuberoseöl, Lavendelöl, Salz, Weihwasser, Salbei, Basilikum, eine rosa und eine blaue Kerze, Lavendelblüten, Akazienblüten und -blätter, Zimtrinde.

Der richtige Zeitpunkt

Drei Tage bei zunehmendem Mond, vorzugsweise Mittwoch oder Freitag beginnend. Es ist wichtig, einen Ort dafür auszuwählen, wo Sie vor Störungen sicher sind und den Ritualplatz mit der Himmelsrichtung nach Osten auswählen können. Nicht zu vergessen wie bei jedem Ritual die mentale Reinigung des Raumes, und zwar an jedem Tag.

Das Ritual

1. Tag

Zu Ihrer Reinigung bereiten Sie eine Schüssel mit Weihwasser, Lavendelöl und Quellwasser vor. Tauchen Sie Ihre Hände vor Beginn des Rituals in das Wasser, benetzen Sie damit Ihre Augen, konzentrieren Sie sich auf die Bitte, daß alle höheren Mächte Ihnen Kraft und Klarheit geben sollen, die Sie an ihn weitervermitteln können.

Sollten Sie selbst im unklaren über Ihre Verhaltensweise sein, so werden Sie am 1. Tag des Rituals die Botschaft erhalten, die Ihnen den richtigen Weg zeigt, ihn zu unterstützen. Anschließend halten Sie die Worte in Gedanken fest:

*„Durch meine Augen kann ich Kraft senden und wahrnehmen,
wo ich stehe und was ich bewirken kann.
Auch mein Partner wird dies können."*

Danach benetzen Sie Ihren Mund mit dem Wasser und konzentrieren sich auf die Worte:

*„Ich bete, daß meine Sprache vermittelt und
von ihm gehört und zu unserer Sprache wird."*

Als nächstes berühren Sie mit Ihren Händen Ihr Herz, und die Worte in Gedanken werden sein:

*„Ich fühle reine Liebe,
ich erreiche damit meinen Wunsch, er soll gesegnet sein
von oben.
Ich bewahre meine Liebe für ihn.
Er wird sie niemals verlieren;
diese Liebe wird sich mit der seinen vermischen und zur
Vollkommenheit in unserer Beziehung führen."*

Anschließend tauchen Sie Ihre Hände wieder in das Wasser und berühren damit den Punkt Ihrer Seele in der Nabelgegend. Hier halten Sie am längsten inne und bitten um Reinigung seiner Seele, um Stärke für Ihrer beider Seelen und sprechen jetzt aus, was Sie an diesen Tagen mit Ihrem Ritual bewirken wollen: Klarheit und Stärke für ihn, Schutz für Ihre Liebe und Verbundenheit. Senden Sie ein kurzes Gebet an Ihre Schutzgeister und Helfer, rufen Sie die Kraft aller Elemente herbei, und beginnen Sie einen Kreis aus Salz, abwechselnd roten und weißen Blüten, zu ziehen. Plazieren Sie dazwischen Salbei und Basilikumblätter, und entzünden Sie anschließend in der Mitte dieses Kreises die beiden Kerzen, auf denen Sie die Namen eingeritzt haben, und zwar auf jeder Kerze beide Namen. Gesalbt werden die Kerzen mit Tuberose und Lavendelöl. Der Weihrauch, den Sie jetzt abbrennen sollen, ist eine Mischung aus Weihrauchkörnern, Salbei und Basilikum. Blicken Sie in die Flammen und sehen Sie im Schein der Kerzen das Bild Ihres Partners, verbinden Sie sich gedanklich mit ihm und senden Sie ihm die Worte:

„Du hast Kraft, Dich zu befreien."

Löschen Sie die Kerzen mit einem Atemzug und beenden Sie jetzt den ersten Teil des Rituals.

2. Tag
Nach der bereits durchgeführten Reinigung ergänzen Sie Ihren magischen Kreis noch mit den rosa Rosenblättern und Lavendelblüten, die innerhalb des Kreises verstreut werden, und verstreuen Sie über den ganzen Ritualkreis Salz, mit dem Sie vorher Ihre Hände gereinigt haben. Als Weihrauchmischung werden Akazienblüten und -blätter sowie Weihrauchkörner verbrannt. Bevor Sie die Kerzen entzünden, träufeln Sie auf die Blüten noch etwas Tuberoseöl. Im Kerzenschein konzentrieren Sie sich jetzt auf Ihre Seelen. Visualisieren Sie, wie Sie beide miteinander eins werden. Eins in Person und eins in der Seele. Bitten Sie um den Schutz von oben, damit dieses „Eins-Sein" sich entwickeln kann.

3. Tag
Am dritten Tag des Rituals verbrennen Sie Zimtrinde mit Basilikumblättern, entzünden wieder die Kerzen, lassen die Gedanken während der vorangegangenen Ritualtage Revue passieren und konzentrieren sich auf die Emotionen der Liebe und Leidenschaft, die Sie in sich fühlen und die Sie mit Ihrem Partner durchleben wollen.

Sprechen Sie mit aller Kraft die folgenden Worte:

„Leidenschaft zieht Dich zu mir,
Leidenschaft findest Du auf ewig nur mit mir,
alle Kräfte der Welten stehen hier und zu mir."

Vergessen Sie an diesem Tag nicht, nach Abschluß des Rituals ein Gebet an Ihre Schutzmächte zu senden und vor allen Dingen alle Überreste noch in derselben Nacht in Erde zu vergraben. Der idealste Platz dafür wäre unter einer Roßkastanie. Bevor Sie die Wachsreste zu den anderen Ritualresten legen, achten Sie auf die Verschmelzung der Kerzen und ein sich daraus ergebendes Bild. Oft ist darin eine Botschaft für Sie enthalten, die ein wichtiger Hinweis für Ihre weiteren Verhaltensweisen ist.

Den Mann fürs Leben zu sich holen

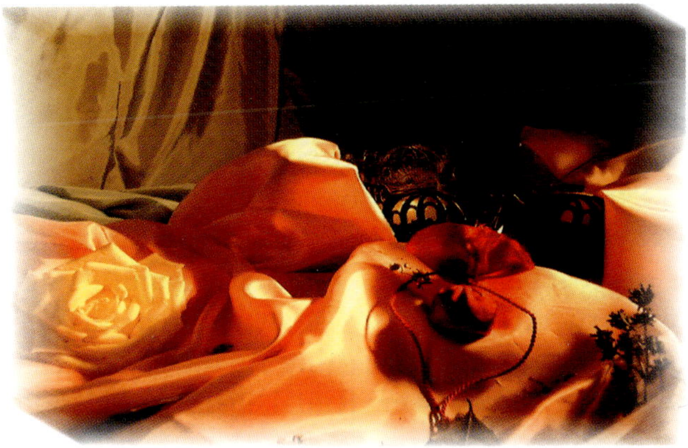

Die wichtigsten Ingredienzien

Meersalz, feuerfeste Schale, Salbeiblätter, Kamillenblüten, Senfkörner, Magnolienblüten, Blätter von weißen Rosen, Lavendel, rosa Seidenpapier, getrocknete Blüten, Patschuliöl und Zimtöl, rotes Band, Säckchen.

Der ideale Zeitpunkt

Zunehmender Mond – Freitag

Das Ritual

Der Aufbau der Zutaten und Ablauf der Zeremonie ist wie auf Seite 29 beschrieben durchzuführen. Ihre Gedanken während des Rituals: „Ich sende von meinem Herzen Lichtstrahlen zu dir, ich bin bereit für dich, meinen Mann fürs Leben“. Ihr Lebenspartner wird die Botschaft empfangen und Ihnen schon bald begegnen. Teilen Sie die Reste des Rituals in zwei Hälften. Die rechte Hälfte wird in einen Fluß geworfen, die linke in zwei Talismansäckchen aufgeteilt. Diese Säckchen werden mit rotem Band gebunden und bis zum nächsten Vollmond am Körper getragen. Eines davon ist ein Geschenk für ihn.

Das große Kastanienritual

Einen erwählten Partner an sich ziehen und an sich binden

Das größte und wirkungsvollste Liebesritual ist das auf Wunsch alljährlich durchzuführende Kastanienritual. Sie bewirken damit eine leidenschaftliche Bindung eines ausgewählten Partners an Ihre Person. Das Ritual ist jedoch wirkungslos, wenn Sie selbst emotional nicht fähig sind, Leidenschaft zu empfinden und eine leidenschaftliche Sexualität nicht leben können. Eine Auflösung der durch diesen Liebeszauber erwirkten Bindung ist auch durch ein Trennungsritual kaum mehr möglich. Achten Sie daher auf die genaue Wortwahl Ihres Ritualspruches, denn dies ist ein Ritual, in dem alle Kräfte und Götter der Liebe angerufen werden und ihren Zauber wirken.

Die wichtigsten Ingredienzien

Roter Stoff, zwei rote Kerzen, acht Kastanien, Kastanienblätter, Kastanienrinde, drei bis acht rote und rosa Rosen, drei bis acht weiße Chrysanthemen, Weihrauchkörner und -öl, Salz, ein Weidenzweig, ein Knäuel rotes Baumwollgarn, gelbes Papier, Lavendelöl. Anissamen, Brennesselblätter, Eisenkraut, Fenchel, schwarze Pfefferkörner, Rosmarin werden der Reihenfolge nach am Ende des Rituals mit den übrigen Ritualresten verbrannt.

Der ideale Zeitpunkt

Vollmondnacht

Das Ritual

Das Ritual zur ewigen Bindung ist ein sehr wirkungsvolles und energiereiches Ritual und sollte wegen der Hitze- und Rauchentwicklung vorzugsweise im Freien abgehalten werden. Wenn Sie Ihr Ritual im Haus durchführen, sorgen Sie bitte für ausreichende Lüftung und verwenden Sie die Mindestmenge an Ingredienzien (z.B.

je drei Rosen). Sowohl der Raum als auch der Platz im Freien muß vor dem Ritual gereinigt werden, dies gilt natürlich auch für Ihre Person. Als Ritualunterlage verwenden Sie den roten Stoff: Diesen können Sie im Freien um den Ritualplatz drapieren, in der Wohnung, so wie bei allen anderen Ritualen, unter die feuerfeste Schale legen. Danach bestreuen Sie den ganzen Ritualplatz mit Salz. Nun legen Sie Glühkohle in die feuerfeste Schale und darauf einige Körner Weihrauch. Rund um die Glühkohle legen Sie die Kastanienblätter, wobei Sie die eventuell übriggebliebenen kleinen Zweige der Kastanie gleich in die Mitte zum Feuer legen können. Ebenso legen Sie die Kastanienrinde gleich um den Feuerplatz herum. Auf die Kastanienblätter kommen nun, mit den Köpfen zur Mitte hin, die roten Rosen, und um die roten Rosen außen ein Kreis aus rosa Rosen. Zum Abschluß nehmen Sie die weißen Chrysanthemenköpfe, tauchen sie in eine Schale mit Wasser und Weihrauchöl und anschließend in eine Schale mit Salz. Diese Blütenköpfe werden ganz außen als Abschluß in den Kreis gelegt. Von der Mitte, dem Zentrum der Energie, nach außen symbolisieren die roten Rosen die Leidenschaft, die rosa Rosen die Liebe und die weißen Chrysanthemen bieten Schutz und Abgrenzung nach außen für Ihre bevorstehende, leidenschaftliche Liebe zueinander.

Anschließend salben Sie die beiden roten Kerzen mit Liebesöl (Lavendel) und ritzen auf je eine Kerze Ihren und auf die zweite den Namen Ihres Partners ein. Diese Kerzen werden in die Mitte der Ingredienzien, einen Finger breit auseinander, aufgestellt. Rechts die Kerze für ihn und links die Kerze für Sie. Als nächsten Schritt entzünden Sie die beiden Kerzen. Nun setzen Sie sich vor Ihren Ritualkreis und nehmen das rote Baumwollgarn und die acht Kastanien zur Hand. Sie messen das rote Band nun von Ihrer Stirn zum Herzen, dann weiter zum Nabel und wieder zurück zur Stirn. Diese Länge nehmen Sie dreimal und schneiden das Garn ab. Sie binden und verknüpfen nun die Kastanien, jede einzelne wie zu einem Päckchen verschnürt, als Kette mit dem roten Garn. Nach der letzten Kastanie verknüpfen Sie die beiden Enden des Garns. Sie legen die

Kastanienkette anschließend zu den brennenden Kerzen und schreiben auf cin gelbes Papier folgende Worte:

„Ich rufe alle Mächte der Liebe und des Lichtes, daß mein Zauber mit und durch sie wirke!"

Jetzt kommen Ihre Wünsche (z.B. Hannes wirbt um mich in Leidenschaft). Führen Sie alles an, was Sie sich erwarten, und schließen Sie mit den Worten:

„So sei es, so bleibe es für immer und in allen Welten!"

Dann rollen Sie das Blatt zusammen und entzünden es an der brennenden Kerze. Mit Ihrer beschriebenen Papierrolle entfachen Sie nun ein Feuer aus Kastanienrinde, den Zweigen und den Kastanien. Beachten Sie bitte, daß das Feuer nicht ausgehen darf. Nun werfen Sie abwechselnd mit den Kräutern jeweils rote Rosenblätter, dann rosa Rosenblätter, dann Teile der Kastanienblätter und zuletzt die Blüten der Chrysanthemen ins Feuer. Sie müssen allerdings alles verbrennen, und das Feuer brennt besser, wenn Sie teilweise getrocknete Ingredienzien verwenden. Achtung, die Kastanien können explodieren und verursachen sehr starke Rauchentwicklung.

Nachdem das Feuer niedergebrannt ist, prüfen sie die Asche danach, ob alle Ingredienzien verbrannt sind. Sind z.B. nicht alle Kastanien verbrannt, aber mehr als die Hälfte, gehen Ihre Wünsche nur teilweise in Erfüllung. Sind gar keine Kastanien verbrannt und auch die Chrysanthemenblüten nicht, läßt das Schicksal es noch nicht zu, daß Sie Ihre Wünsche mit dem erwählten Mann ausleben können. Eine weitere Möglichkeit wäre, daß Sie den falschen Partner ausgewählt haben. Am Ende der Zeremonie ist es der Idealfall und ein sicheres Zeichen, daß Sie alles richtig gemacht haben, wenn alle Zutaten zur Gänze verbrannt und die Kastanien ebenfalls verbrannt oder zumindest verkohlt sind. Die Ritualreste werden in das rote Tuch geschlagen, mit einem Weidenzweig zugebunden und noch in derselben Nacht über die linke Schulter, ohne zurückzublicken, einem Fluß übergeben. Vergessen Sie nicht, am Fluß den Göttern der Liebe für ihre Kraft und die Wirksamkeit des Zaubers zu danken.

Wenn Sie Ihren Liebsten bis zur nächsten Vollmondnacht bei sich empfangen, verwenden Sie die folgenden magischen Helfer für eine leidenschaftliche, zauberhafte Nacht: in den intimeren Räumen eine Mischung der verwendeten Kräuter des Rituals abbrennen lassen, Lavendelöl in einer Duftlampe im Eingangsbereich, dem Liebsten Anisgetränke reichen und die Farben der Liebe am Körper tragen.

Trennung in Frieden

Oft fällt es einer Frau schwer, den ersten Schritt zur Trennung einer Beziehung, in der keine Liebe mehr ist, zu tun. Teilweise aus Furcht vor der Reaktion des Partners bzw. aus Rücksicht auf seine Gefühle. Vielen Männern fällt es schwer, eine Beziehung auf Wunsch der Partnerin zu beenden. Sie fühlen sich als Verlierer und haben ein Problem damit, loszulassen. Was einmal aus und in Liebe verbunden wurde, sollte man aber unter allen Umständen in Frieden trennen.

Im folgenden Ritual wird dies gelingen, wenn Sie sich genau nach den Angaben der Vorbereitung und Durchführung der Zeremonie richten. Ihr Gefühl wird Ihnen den richtigen Zeitpunkt dafür nennen. Wenn Sie in Ihrem tiefsten Inneren für den Menschen, mit dem Sie verbunden sind, Freundschaft anstatt Liebe fühlen und Sie, wenn Sie sich ein Leben ohne ihn vorstellen, keine Leere im Herzen empfinden, sondern ein Gefühl der Befreiung spüren, wenn Sie einen lieben Menschen in ihm sehen, der ein Stück des Schicksalsweges mit Ihnen gegangen ist, dann ist die richtige Zeit für dieses Ritual gekommen.

Je nach Persönlichkeit und Stärke des Partners, von dem Sie sich in Frieden trennen wollen, wird dieses Ritual mitunter wiederholt werden müssen. Sollten Sie feststellen, daß er eine Aufrechterhaltung Ihrer Verbindung nur aus einer Schwäche heraus fordert, dann wäre vor diesem Trennungsritual eine Zeremonie, die ihm Kraftaufbau erwirkt, notwendig.

Abgesehen von friedvollen Trennungen in Partnerschaften kann man dieses Ritual aber auch für jeden anderen Anlaß, wo eine Trennung erwirkt werden soll, anwenden. Etwas friedvoll aufzulösen, ohne daß Schatten oder seelische Verletzungen zurückbleiben, ist nicht immer einfach zu erwirken. Mit Hilfe der weißen Magie gelingt es Ihnen nicht nur, eine friedvolle Lösung für Ihr Problem oder Ihre Situation zu finden, sondern auch eine nachhaltige Harmonie mit der betreffenden Person herzustellen.

Es ist auch noch zu beachten, daß vor Ihrem Ritual eine Klärung der sachlichen oder materiellen Angelegenheiten zumindest theoretisch erfolgt sein sollte. In diesem Ritual kann erwirkt werden, daß sich eine friedvolle Emotion im Herzen des Partners manifestiert und es möglich ist, mit ihm eine sachliche Lösung über materielle Themen und gemeinsamen Besitz zu finden. Die Trennung bewirkt dieses Ritual in jedem Fall.

Dieses Ritual können Sie auch anwenden, wenn zwei sich nahestehende Personen, die sich in Aggressionen verstrickt haben, in Trennung stehen, aber einfach keinen Frieden finden können und sich nicht in der Lage sehen, sich in Ruhe mit der Art und Weise der Trennung auseinanderzusetzen. Sie setzen, wenn Sie diese Zeremonie sozusagen in Vertretung machen, einfach den Namen der betreffenden Personen in die entsprechende Kerze ein. Überzeugen Sie sich aber bitte vorher ganz genau, ob es für die beiden wirklich an der Zeit ist, sich zu trennen. Keiner der beiden sollte Ihnen lieber als der andere sein. Denn nur dann, wenn Sie eine neutrale Haltung haben und das Ritual aus dem Wunsch heraus, beiden aus dieser Situation zu helfen, durchführen wollen, kann es Wirksamkeit zeigen.

Wenn Sie selbst mit einem Partner verbunden sind, der noch in einer anderen Beziehung steht und mit starken Trennungskonflikten mit seiner Noch-Partnerin belastet ist, dann ist es nur zu natürlich, daß Sie für ihn Liebe empfinden und für die Noch-Partnerin Abneigung. Diese Abneigung wandeln Sie in diesem Fall in eine sachliche Einstellung ihr gegenüber um. Ist dies geschehen, besteht kein Hindernis, diese Zeremonie erfolgreich durchführen zu können.

Bitten Sie allerdings gedanklich, speziell wenn Sie dieses Ritual für andere Personen durchführen, die göttlichen Mächte um Erlaubnis, eine Trennung erwirken zu dürfen. Zu bedenken gilt es auch, daß die Chance dazu nur zwischen dem abnehmenden Mond, an dem Sie Ihre Zeremonie durchführen, und dem nächsten abnehmenden Mond erfolgreich sein kann.

Die wichtigsten Ingredienzien

Eine gelbe Kerze für Sie, eine blaue Kerze für ihn oder jede andere Person, von der Sie eine Trennung wünschen, acht weiße Teelichter, Salz, hellblauer Stoff als Ritualunterlage, Kampfer, Salbei, Spitzwegerich, weiße Lilien, ein Bergkristall, Weihwasser, Weihrauchkegel oder Weihrauchkörner, Weihrauchöl.

Der ideale Zeitpunkt

Abnehmender Mond, vorzugsweise eine Dienstagnacht

Das Ritual

Wie bei vielen anderen Ritualen üblich, verwendet man Stoffe als Unterlage für die Ingredienzien. Bei den Trennungsritualen in Frieden ist dies ein hellblauer Stoff, auf dem Sie den Salzkreis, der Ihnen Schutz bieten soll, ziehen und in gleichmäßigen Abständen verteilt acht weiße Teelichter innerhalb dieses Salzkreises plazieren. Eine gelbe Kerze mit Ihrem Vornamen und eine blaue Kerze mit dem

Vornamen der betreffenden Person wird in die Mitte des Kreises mit einer Handbreite Abstand gestellt. Zwischen den beiden Kerzen streuen Sie Salbeiblätter, auf die in der Mitte ein Weihrauchkegel oder Weihrauchkörner gelegt und entzündet werden. Ein Bergkristall sollte ebenfalls zwischen die beiden Kerzen gelegt werden. Um die Kerzen herum streuen Sie Kampfer, Lavendel, Spitzwegerich. Kampferblätter werden innerhalb des Kreises von außen nach innen bis hin zu den Kerzen verstreut. Die Ingredienzien sollten mit

Weihwasser beträufelt werden und die Kerzen mit Weihrauchöl gesalbt sein, bevor sie in den Kreis gestellt werden.

Vor dem Entzünden werden die Kerzen noch mit Salz eingerieben, wovon auch etwas über den Bergkristall gestreut wird. Entzünden Sie die Kerzen, nachdem Sie sich entspannt haben. Sammeln Sie Ihre Gedanken und sehen Sie, wie Sie einander gegenüberstehen. Im Licht der Flammen visualisieren Sie, wie Sie sich Schritt für Schritt, sich in die Augen blickend, die Arme ausgebreitet und die Handflächen nach außen zeigend, voneinander entfernen. Ein Lichtkegel, der von oben auf Sie beide herunterstrahlt, teilt sich mehr und mehr in zwei gleiche Teile und hüllt Sie und auch den Partner ein. Während die Kerzen niederbrennen, visualisieren Sie sich nach kurzen Pausen, wie

Sie immer ein Stück mehr voneinander getrennt sind. Wenn die Kerzen zur Gänze heruntergebrannt sind, werden Sie in Ihrer Vorstellung den Partner so weit von sich getrennt sehen, daß Sie ihn nur mehr als kleinen Lichtpunkt in der Ferne wahrnehmen können. Schließen Sie Ihr Ritual, indem Sie eine Bitte für ihn nach oben senden, damit er geschützt sei, ein glückliches Leben auf ihn zukommen möge und Sie beide sich von Mensch zu Mensch in Zukunft begegnen können, ohne Groll gegeneinander zu hegen oder mit Schmerz und Wehmut in die Vergangenheit zu blicken.

Verbrennen Sie nun alle übriggebliebenen Zutaten in einem Räuchergefäß, und werfen Sie diese noch in derselben Nacht in einen Fluß. Auch der Bergkristall, der zwischen den beiden Kerzen lag, wird dem Wasser übergeben. Weiße Lilien als Friedensgruß und Dank an Ihre höhere Führung und als Geschenk an das Element Wasser werfen Sie ebenfalls in den Fluß. Drehen Sie sich nicht mehr um, nachdem Sie die Lilien den Ritualresten nachgeworfen haben, denn die Vergangenheit soll Vergangenheit bleiben und nicht mehr zurückkehren. Das Ergebnis Ihres Rituals ist Ihnen sicher, wenn Sie sich nach Ende der Zeremonie erleichtert, befreit und ein großes Wohlbefinden in Ihrer Seele fühlen.

Kleine Rituale für wichtige Fragen

Kerzenorakel

um Antworten auf quälende Fragen zu finden, die Sie beschäftigen, wenn sich fehlende Harmonie in Ihre Partnerschaft eingeschlichen hat und Sie einen Hinweis auf Ihre Zukunft in der Liebe suchen. Die angeführten Fragen sind als Beispiele gedacht und können Ihrer Situation entsprechend abgewandelt werden.

Der ideale Zeitpunkt für beide Zeremonien

Zunehmender Mond

Die wichtigsten Ingredienzien

Arrangieren Sie die Kerzenfarben wie im Ritualtext beschrieben. Bei jedem Ritual werden die Kerzen in einem Kreis von Lavendelblüten aufgestellt. Als Räuchermischung wird dem Thema entsprechend eine Zusammenstellung von passenden Kräutern vor Entzünden der Kerzen in einer Räucherschale abgebrannt.

Erstes Ritual

Eine Kerze in der Farbe Ihres Elementes und eine Kerze in der Farbe des Elementes des Partners werden in einem Abstand der Breite Ihres Ringfingers nebeneinander gestellt und entzündet. Während Sie in das Licht der Kerze blicken, bitten Sie Ihre Schutzgeister um Antwort auf folgende Fragen:

„Was wird aus unserer Liebe?“
„Wohin führt unser gemeinsamer Weg?“
„Ist mein Partner mein Lebenspartner?“
„Fühlt mein Partner Liebe für mich?“

Die Kerzen zur Gänze abbrennen lassen. In den erkalteten, verschmolzenen Wachsresten sollten Sie die Antworten auf Ihre Fragen erkennen. Ist das Wachs beider Kerzen zur Gänze ineinander verschmolzen, besteht kein Zweifel, daß Ihr Partner Ihr Lebenspartner ist.

Zweites Ritual

Möchten Sie grundsätzlich in Sachen Liebe Ihre Zukunft wissen, ist dieses Ritual sehr geeignet.

Im Schein einer gelben Kerze, welche Sie mit Liebesöl gesalbt haben und auf deren Vorderseite Sie die Worte „Liebe in meiner Zukunft" und auf deren Rückseite Ihren Vornamen eingeritzt haben, öffnen Sie langsam die Blätter einer roten Rosenblüte. Konzentrieren Sie sich in Gedanken dabei auf Ihre Frage und achten Sie darauf, welche Bilder, Symbole oder Gefühle Sie in den Kerzenflammen wahrnehmen. Lassen Sie die Kerze zur Gänze abbrennen und achten Sie darauf, welche Form die Wachsreste nach dem Erkalten zeigen. Eine bevorstehende Hochzeit ist in zwei ineinanderfließenden Kreisen, welche das Wachs bildet, zu erkennen.

Die Wachsreste dieser Rituale werden unter einem Baum der Liebe vergraben (Weide, Birke, Roßkastanie, Apfel).

Manneskraft entfachen helfen

Leidenschaft und intensiv ausgelebte Emotionen verlieren sich oft in Partnerschaften nach einigen Jahren. Manchen Männern fehlt die Lust für eine erfüllte Sexualität, aus welchen Gründen auch immer, überhaupt. Jeder Mensch ist aber mit einem Samenkorn von Leidenschaft geboren, und eine weiße Hexe wird in diesem Ritual dieses Samenkorn rasch zum Sprießen bringen. Die erotischen

Geheimnisse und Zauber aller großen Magierinnen der Geschichte waren schon immer als sehr wirkungsvoll bekannt. Die Liebe, die Lust, die Leidenschaft zwischen Mann und Frau ist damals wie heute das schönste Thema. Dieses Ritual gibt Ihnen die Zauberkraft großer Magierinnen.

Die wichtigsten Ingredienzien

Salz, Lavendel, drei Weihrauchkegel, Sonnenblumenblüten, Kristall- und Rubinsplitter, Rosenquarz- und Blutsteinsplitter, ein kleiner Weidenzweig, Wegwarte, rote und rosa Rosen, Pfefferöl, Wermutkraut, Hyazinthenblüten, Fenchelsamen, Senfkörner, gemahlene Kastanien, Patschuliöl, Tuberoseöl, eine weiße Kerze für Sie, eine rote Kerze für ihn, rotes Baumwollgarn, rosa Papier.

Der ideale Zeitpunkt

Freitag nachts oder Vollmond

Das Ritual

Nach Reinigung des Raumes vor Beginn der Zeremonie reinigen Sie Ihre spirituellen Punkte wie auf Seite 22 beschrieben mit Wasser, welches mit Tuberoseöl angereichert ist. In der Glasschüssel sollten sich auch die Kristall- und Rubinsplitter befinden. Während der mentalen Reinigung halten Sie auch einige der Edelsteinsplitter in Ihren Händen, führen diese zu Ihren spirituellen Punkten und konzentrieren sich darauf, wie die starke erotische Kraft dieser Steine in Ihren Körper einfließt und sich im Bereich des dritten Auges (Mitte der Stirn) sammelt.

Dann salben Sie die Kerzen, in die Sie Ihrer beider Namen eingeritzt haben, mit den in Ihren Händen zerriebenen Lavendelblüten. Während Sie seine Kerze salben, konzentrieren Sie sich in Gedanken auf sein Bild, insbesondere auf seinen Körper und seine spirituellen Punkte. Während Sie seinen Namen in die Kerze ritzen, holen Sie das visualisierte Bild seines Körpers in die Kerze.

Senden Sie jetzt die gesammelte Energie von Ihrem dritten Auge ausgehend in die rote Kerze, die ihn verkörpert. In Ihrer Vorstellungskraft wird diese Energie durch seine spirituellen Punkte dringen. Als nächstes umwickeln Sie die beiden Kerzen zusammen mit einem roten Band, welches Sie vorher mit Pfefferöl tränken, und binden diese mit drei Knoten. Anschließend wird noch ein Weidenzweig um die Kerzen gebunden. Bilden Sie jetzt den Ritualkreis aus Salz. In die Mitte plazieren Sie die gebundenen Kerzen. Um die Kerzen herum legen Sie Wegwarte, danach einen Kreis aus roten und im Anschluß einen Kreis aus rosa Rosen.

Entzünden Sie nun die Kerzen, und stellen Sie eine Kerze in den Farben des entsprechenden Monats, in dem Ihr Zauber wirken soll, vor die beiden miteinander verknoteten. Verteilen Sie nun einige Tropfen Patschuliöl rund um die drei Kerzen. Drei Weihrauchkegel werden jetzt entzündet und frei innerhalb des Kreises verteilt. Die kleinen Sonnenblumenblüten werden als nächstes in den Ritualkreis, nach allen vier Himmelsrichtungen weisend, gelegt. Rosenquarz- und Blutsteinsplitter werden in die Wasser/Ölmischung, welche Sie bereits für Ihre mentale Reinigung verwendet haben, getaucht und anschließend über die Blüten gestreut. In einer Räucherschale, auf einem Stück Glühkohle, entzünden Sie eine Mischung zu gleichen Teilen bestehend aus Wermutkraut, Fenchelsamen, Hyazinthenblüten und gemahlenen Kastanien. Nun nehmen Sie Ihre Räucherschale und schwenken sie langsam im Uhrzeigersinn dreimal über dem Ritualkreis. Rufen Sie dabei in Gedanken die Götter der Liebe an mit der Bitte, Ihren Zauber zu weihen und Ihrer Magie Kraft zu verleihen.

„Götter der Liebe entfacht in ihm
ein Meer aus Leidenschaft, gebt mir Macht und Kraft!“

Wenn Sie diesen Abschnitt des Rituals zelebriert haben, stellen Sie die Räucherschale in den Ritualkreis.

Im letzten Teil der Zeremonie blicken Sie in die Flammen der Kerzen und visualisieren sich, wie Ihre Körper in Liebe und Begierde miteinander verschmelzen. Beenden Sie das Ritual danach mit den folgenden Sätzen, die Sie dreimal hintereinander aussprechen:

„Mein Zauber ist gebunden,
mit dem Band der Lust
hab' ich Dich umwunden,
so sei es und so bleibe es!“

Alle Ritualreste sollen noch in derselben Nacht im Freien verbrannt werden, damit der Wind den Zauber zu Ihrem Liebsten trägt.

Liebe in höheren Dimensionen leben

Diese Zeremonie ist ausschließlich Lebenspartnern vorbehalten, die einen gemeinsamen spirituellen Entwicklungsweg hinter sich haben. Die Liebenden sollen sich bereits ihrer reinen, wahren Liebe zueinander bewußt sein und diese auch schon in Lebensprüfungen bewiesen haben. Bei beiden soll die Gewißheit im Herzen wohnen, gemeinsam aus einer anderen Welt zu kommen und auch in der nächsten Dimension miteinander verbunden zu sein. Dieses Ritual ist die höchste Stufe der Verbundenheit in Liebe zweier Menschen. Nach dieser Zeremonie werden Ihre Seelen miteinander verschmolzen sein und Sie beide ewig eins bleiben. Der gemeinsame Weg in die nächste Dimension, um im Licht der anderen Welt die Liebe zueinander zu segnen und danach zur selben Zeit in zwei Wirklichkeiten leben zu können, zu einer Seele in zwei Körpern zu werden, ist ein Geschenk der höchsten Macht des Lichtes. Es verlangt Demut und die absolute Bereitschaft, sich in bewußter Selbstaufgabe einer lichtvollen Führung zu unterwerfen, unwissend wohin sie führt, aber voll Vertrauen, daß die Liebe zueinander so rein ist, daß sie nur in eine lichtvolle Dimension geführt werden kann.

Die wichtigsten Ingredienzien

Weiße Rosen, weiße Lilien, wilde Rosen, acht weiße Teelichter, rosa Stoff, ein großer Spiegel, eine große weiße Kerze, Lavendelblüten, Weihrauchkörner, Wacholderzweige, Eschenblätter, Akazienzweige, Tuberoseöl, Weihrauchöl.

Der ideale Zeitpunkt

Wahlweise, 20. bis 23. Juni

Dieses Ritual darf nur zelebriert werden, und zwar gemeinsam, einmal mit dem Partner.

Vor dem Ritual entspannen Sie sich beide mit einem warmen Bad. Das Badewasser soll mit einem Teil Liebstöckel, einem Teil Lavendelblüten und einem Teil weißen Rosenblättern versetzt sein. Während des Bades werden auf Glühkohle Weihrauchkörner abgebrannt. Lassen Sie Alltagsgedanken aus Ihrem Gedächtnis entschwinden, konzentrieren Sie sich aufeinander, erfühlen Sie mit Ihren Händen den Körper des anderen und beginnen Sie mit diesem tiefen Gefühl der Liebe das Ritual.

Das Ritual

Gestalten Sie miteinander vor einem großen Spiegel (im Idealfall in der Größe und Breite Ihrer Gestalten) einen Halbkreis aus Salz und den Teelichtern. Der Halbkreis bleibt zum Spiegel hin offen. Der Boden dieses Kreises wird mit rosa Seidenstoff ausgelegt, mit weißen Rosen, weißen Lilien und wilden Rosen geschmückt. Anschließend wird eine große, weiße Kerze, in die Sie Ihre Vornamen, Ihre Geburtsdaten und zwei miteinander verbundene Ringe einritzen, vor dem Spiegel plaziert. Die Salbung der Kerze wird mit einer Mischung aus Tuberose- und Weihrauchöl von beiden durchgeführt. Um die Kerze herum werden Lavendelblüten gelegt. Rechts neben die Kerze stellen Sie eine Räucherschale, in welcher Sie Weihrauchkörner, getrocknete Wacholderzweige, getrocknete Eschenblätter und Akazienzweige verbrennen.

Entzünden Sie nun vor der Kerze kniend das Licht, halten Sie einander an den Händen und konzentrieren Sie sich auf die Verschmelzung Ihrer Seelen, während Sie sich in die Augen blicken. Atmen Sie beide im gleichen Rhythmus den Rauch der Räuchermischung ein, und erheben Sie sich, noch immer an den Händen haltend. Blicken Sie danach vor dem Spiegel stehend in das Licht der Kerze, welches sich darin spiegelt. Fühlen Sie beide, wie Sie Lichtenergie durch den Spiegel zieht und Sie in einem regenbogenähnlichen Tor stehen. Unter diesem Bogen stehend umarmen Sie sich und lassen die Energie, die jetzt durch Sie hindurchfließt, in Ihre Körper. Sie werden fühlen, wann es Zeit ist umzukehren und Ihre Dimension, Ihre Wirklichkeit wieder zu betreten.

In dieser Nacht schlafen Sie beide, sich an den Händen haltend, in dem Lichtkreis. Alle Kerzen werden von selbst erlöschen. Am nächsten Morgen sprechen Sie ein Dankgebet zu Ihrem Gott, weihen die Ritualreste mit Weihrauchöl und übergeben sie der Erde an einem Ort, in dessen Nähe eine Quelle entspringt.

Die Hexenküche

Legende der liebenden Hexen

Magierinnen und Hexen waren in früheren Zeiten auch wegen ihrer geheimnisvollen Liebeskünste von den Herren der Schöpfung umworben, von Frauen als Rivalinnen gefürchtet, ihr Wissen jedoch auch von den Damen der Gesellschaft heiß begehrt. Ihre Kenntnisse um die Wirksamkeit so manchen Kräutleins verhalfen müden, liebesschwachen Herren zu Manneskraft und Leidenschaft.
Phantasievoll bereiteten sie Speisen und Getränke, die Mann und Weib stimulierten, und verhalfen der Liebe dadurch zum Sieg.

Auf dem Küchenzettel einer Hexe ward geschrieben:

Majoran, Bärlauch, Lavendelblüten, Estragon, Borretsch, Sonnenblumenkerne, reichlich Zwiebeln und deren Samen, Salbei, Lorbeerblätter, Rote Rüben, Wacholderbeeren, Bohnenkraut und Kerbel, Brennesselblätter, Ziegenmilch, Ziegenkäse, Holunderblüten, Petersilienwurzeln, Schnittlauch, Sellerie, Bohnenkeimlinge,

Rapunzelsalat, Sauerampfer, Huflattichblätter, Spitzwegerichblätter, Eier, Knoblauch, Basilikum, Thymian, Heidelbeeren, Walnüsse, Kapuzinerkresse, Melisse, Paprika, Rosmarin, Fenchel, Kirschen, Muskatnuß, Schwarze Johannisbeeren, Honig, Kresse, Ingwer.
Aus diesen Zutaten wurden in unterschiedlicher Zusammenstellung Liebesgerichte zubereitet. Von diesen zauberhaften Speisen sind nur mehr wenige überlieferte Rezepte vorhanden. Sie waren das größte Geheimnis einer Hexe und wurden niemals preisgegeben. Wir wissen aber noch heute, daß alle angeführten Zutaten Liebeshelfer waren, nach Phantasie und Geschmack miteinander vermischt werden können und es somit möglich ist, wieder Zugang zu den Gebräuche der magischen Küche zu finden. Erhalten geblieben ist auch das Wissen über die Liebeskräuter, die im Feuer der Kochstelle während der Zubereitung der Speisen verbrannt wurden (siehe Seiten 36 und 46).
Zaubersprüche, rhythmisch und mehrfach wiederholt ausgesprochen, sollen die Wirkung noch verstärkt haben.

Ein Salatgericht der weißen Magie

Kräftigt die Manneskraft und steigert das Verlangen

Bereiten Sie einen Salat aus folgenden Zutaten:

50 g	Rapunzelsalat
10 Stück	Löwenzahnblätter
50 g	Karotten
50 g	Kerbelkraut
1 Stück	Fleischtomaten
50 g	Brennesselblätter
50 g	Endiviensalat

Gewürzt wird mit Knoblauch, gehackter Löwenzahnwurzel, Schnittlauch, Salz, grünem Pfefferoni, fein geschnitten.
Mariniert wird der Salat mit Kürbiskernöl und Weinessig.

Die Cocktails und magischen Getränke einer liebenden Hexe

Diese Getränke werden das Herz Ihres Partners erwärmen und sein Verlangen nach Ihrer Liebe steigern.

* * * * *

2 TL Cayennepfeffer werden in ein wenig kochendem Wasser aufgelöst und noch heiß mit 0,33 l Bier und 4 cl Cognac aufgegossen.

* * * * *

7 Körner Koriander zerrieben und mit 1/8 l Rotwein aufgefüllt
ist die richtige Cocktailmischung in einer Vollmondnacht.

* * * * *

1 Vanilleschote
1 TL getrocknete Jasminblüten
1 TL Orangenblüten
1 Prise Zimtpulver
1 Messerspitze Nelkenpulver
mit ½ l Rotwein gemischt, erweckt die Sinnlichkeit und stimuliert die Sexualität.

* * * * *

2 TL Rosenblätter
½ TL Safran
werden mit der entsprechenden Menge Sherry vermischt und eine Stunde vor dem Servieren kaltgestellt.
Wird den Geliebten entspannen und Hemmnisse vor der Liebe auflösen.

* * * * *

1/4 l Wasser
1 TL Anissamen
30 g Orangenblüten
werden gemeinsam aufgekocht, 5 Minuten ziehen lassen, mit ¾ l heißem schwarzem Tee aufgießen, in Porzellantassen servieren und mit 1 TL gehackten Walnüssen bestreuen.
Ein Liebestee, der regelmäßig getrunken werden sollte.

Überlieferte Rituale für Schutz, Glück und Erfolg

Schutzritual

für Personen, Heim, Projekte etc.

Die wichtigsten Ingredienzien

Weiße Rosen, acht weiße Teelichter, Lavendel, Ringelblume, Salbei, Kamille, Weihrauchöl, Kristall, blaue Seide.

Der ideale Zeitpunkt

Zunehmender Mond

Das Ritual

Durch das Scheitelchakra holen Sie sich kosmische Energie und sammeln sie im Herzen und im Seelenpunkt. Danach senden Sie einen Energiestrahl vom Nabel weg auf den Kristall. In Gedanken konzentrieren Sie sich auf eine Person oder das, worum es Ihnen bei diesem Ritual geht. Sie holen das Ziel in den Kristall und überschütten es mit Lichtenergie. Unter den Kristall können Sie ein Foto, Baupläne, etc. legen. Der Kristall wird in diesem Ritual nur für eine Person oder ein bestimmtes Projekt verwendet. Der Kristall darf für nichts anderes mehr verwendet werden. (Folgerituale für das betreffende Ziel ausgenommen). Niemand außer Ihnen soll den Kristall berühren. In die Räucherschale kommt ein Teelicht und Glühkohle, auf der auch einige Weihrauchkörner verbrannt werden. In der Räucherschale werden nun auch die Ingredienzien verbrannt. Die Reste werden in ein weißes Baumwollsäckchen gegeben und der betreffenden Person übergeben oder im Haus oder Geschäft aufgehängt.

Heilung und Auflösung von Besetzungen

Erdgebundene Seelen ins Licht schicken

An manchen Orten finden Menschen keinen Frieden. Zwietracht in der Nachbarschaft, fehlende Harmonie im Haus und in der Familie als Dauerzustand – trotz Bemühungen aller Betroffenen um Lebens- und Wohnqualität – sind ein Zeichen für Verfluchungen oder Besetzungen. Vor der Durchführung eines Befreiungsrituales erforschen Sie die Geschichte des Platzes, der Gegend und des Hauses, um herauszufinden, ob ein oder mehrere Rituale und welche Form zielführend sind. Zeigen überlieferte Kriegsprotokolle oder andere Informationsquellen, daß Sie an einem Ort, der von Leid und Blut durchtränkt war, leben, wo arme Seelen qualvoll sterben mußten oder Seuchen herrschten, hilft dieses Ritual diesen armen verirrten Seelen, den Weg ins Licht zum ewigen Frieden zu finden. Danach ist der Ort befreit, und alle Menschen, die dort leben, werden ebenfalls wieder Frieden finden. Zelebrieren Sie bitte in chronologischer Reihenfolge für jede Schreckenszeit bis zur Gegenwart ein Ritual. Es ist unmöglich, im Laufe von Jahrhunderten angesammelte negative Energien in einem Ritual aufzulösen.

Die wichtigsten Ingredienzien

Lindenblätter, Birkenrinde, Kamille, Salbei, Schafgarbe, Rosmarin, Lavendelöl, rote Rosenblätter, Kristall, Lavendel, Weihrauchkegel oder -körner, Bergkristall, 6 bis 8 weiße Teelichter, weiße und gelbe Kerzen für Frieden oder weiße und blaue Kerzen gegen Seuchen.
Wenn möglich, Symbol, Foto oder Zettel mit Namen des Betreffenden unter den Kristall legen.

Der ideale Zeitpunkt

Zunehmender Mond

Das Ritual

Das Ritual erfolgt wie auf Seite 29 beschrieben. Zu Beginn der Zeremonie rufen Sie alle erdgebundenen und negativen Seelen, um sie mit Licht von oben im Kristall zu sammeln. Bei negativen Besetzungen eines Gebäudes oder Besetzungen von Personen konzentrieren Sie sich auf Schatten, die Sie im Kristall erkennen. Senden Sie aus Ihrem Herzen einen Energiestrahl auf diese Schatten, lösen Sie sie damit auf und ziehen Sie Ihre Energie danach sofort zurück. Bitten Sie die Götter oder höheren Mächte, diesen Seelen Frieden zu geben. Richten Sie Ihr Gebet nicht an einen bestimmten Gott, wenn Menschen aus verschiedenen Glaubensrichtungen an diesem Ort zugrunde gegangen sind. Währenddessen streuen Sie einen Teil der Kräuter auf den Kristall. Der verbliebene Rest der Kräuter wird in der Räucherschale verbrannt.Dieses Ritual sollte vorzugsweise in den Rauhnächten oder am Allerseelentag beginnend durchgeführt werden.Bei diesem Ritual werden alle Reste eingegraben, auch der Kristall! Es wird am besten im Freien durchgeführt. An der Stelle, an der Sie die Reste eingegraben haben, sollten Sie für dauerhaften Frieden Birken oder Heilpflanzen setzen. Wenn Sie keine unmittelbare Möglichkeit haben, die Reste in der Umgebung des Rituals einzugraben, dann an der nächstmöglichen grünen Stelle.

Heilung

Es ist uns erlaubt, unsere Lebenskräfte, vermischt mit den Energien unserer Schutzgeister, zu sammeln und Menschen, die erkrankt sind oder in dringlichen Lebenssituationen stehen, mit einem Ritual Hilfe angedeihen zu lassen. Es ist nicht notwendig, daß der Betroffene an die Macht der weißen Magie glaubt, er muß auch nicht wissen, daß Sie für ihn oder sie ein Heilungsritual zelebrieren. Es geht dabei nur um Ihre innere Bereitschaft, Lebenskräfte an einen Menschen abzugeben, der sie braucht, um seine Gesundung rascher wiederzuerlangen. Dieses Ritual ersetzt sicher nicht ärztliche Hilfe, bewirkt aber, daß die betroffene Person mehr Energie zur Verfügung hat, der Selbstheilungsprozeß einen Impuls erlangt und sich Erkrankungen auflösen.

Die wichtigsten Ingredienzien

Blaue und weiße Seide, eine rote Rose, Lindenblätter, ein Birkenzweig, Kamillenblüten, Salbei, Schafgarbe, Rosmarin, ein Bergkristall, ein Foto der betreffenden Person, eine Skizze oder eine Beschreibung der Krankheitssituation, Lavendelöl, weiße Teelichter, Birkenrinde, Weihrauchkörner, Weihwasser, Salz.

Der ideale Zeitpunkt

Neumond

Das Ritual

Beginnen Sie dieses Ritual nach der Reinigung des Raumes und nach Ihrer persönlichen mentalen Reinigung, in der Sie besonders darauf achten müssen, ob Sie wirklich kraftvolle Energien haben. Laden Sie sich mit kosmischer Energie auf, bevor Sie die Unterlage des Rituals zur Hälfte mit hellblauem und zur Hälfte mit weißem Stoff auslegen. Auf einer feuerfesten Unterlage legen Sie die Ingredienzien kreisförmig auf. In der Mitte die Birkenrinde, auf der das Foto oder die Skizze und der mit Weihrauchöl beträufelte Bergkristall gelegt werden. Rund um die Birkenrinde legt man die roten Blütenblätter der Rose. Den Rahmen bilden weiße Teelichter und ein Kreis aus Salz. Die Räucherschale wird vor die feuerfeste Platte gestellt, mit Glühkohle, in der einige Weihrauchkörner abgebrannt werden, bestückt. Wenn dies geschehen ist, konzentrieren Sie sich auf das Licht, das von oben kommend durch Ihren Körper fließt und auf Ihrem Seelenpunkt, dem Nabel, gesammelt wird. Bitten Sie die höheren Mächte, durch Sie zu wirken und Heilung für die betreffende Person oder Situation zu erwirken. Senden Sie einen Lichtstrahl in den Kristall und visualisieren Sie darin die Person, von der jetzt Schatten oder dunkle Flecken abfallen und Lebenskraft in ihren Körper steigt. Halten Sie dieses Bild fest und verbrennen Sie in der Räucherschale von allen Zutaten jeweils einen kleinen Teil. Spüren Sie, wie die Person von Lebensenergien durchflutet wird, umhüllen Sie diesen Menschen mit einem Lichtkegel, der von oben herunterstrahlt und schließen Sie mit innigem Dank und Demut für die göttliche Fügung das Ritual ab. Die Birkenrinden, den Kristall und einen Teil der Rosenblätter sollten Sie aufbewahren, falls es notwendig ist, das Ritual zu wiederholen. Der Rest sollte frei in einen Fluß gestreut werden. Anschließend wird es notwendig sein, daß Sie sich mit kosmischen Energien aufladen. Erschöpfung ist nach diesem Ritual eine natürliche Begleiterscheinung. Aber auch ein Glücksempfinden, Zuversicht und tiefer Friede, der nur empfunden wird, wenn man dabei ist, jemand anderen gesund und glücklich zu machen.

Materielle Werte

„Aus allen vier Himmelsrichtungen strömen mir materielle Werte zu, die mir zustehen und mich und die Meinigen glücklich machen und in Frieden leben lassen!“

Dieser Satz wird während des Rituals mit vollster innerster Überzeugung neunmal gesprochen. Bevor Sie eine Zeremonie durchführen, die Ihnen Geld oder Besitz bringen soll, gehen Sie in sich um abzuklären, ob Ihre Bereitschaft, Gaben des Schicksals, die Ihr Leben bereichern, anzunehmen, auch gegeben ist. Bedenken Sie, daß jedem Menschen, der ein reines Herz hat, auch das Gold des Lebens zusteht. Es ist auch in Ordnung, dieses Ritual durchzuführen, um zu Geld zu kommen, damit hilfsbedürftigen Menschen geholfen werden kann. Es hat dabei keine Bedeutung, ob es fremde Leute oder

Familienmitglieder sind, denen Ihr erwirkter Reichtum zugute kommen soll.

Die wichtigsten Ingredienzien

Gelbe Rosen, grüne Seide, Salbei, Wacholder, Muskat, Zimt, Kamille, Senfkörner, Myrrhe, Eichenblätter, Eicheln, Rosenquarz, Bergkristall, Weihrauch, Myrrhe, Zedernöl, vier grüne und eine gelbe Kerze, kleine Untertassen für die Kerzen.

Der ideale Zeitpunkt

Zunehmender Mond

Das Ritual

Höhere Mächte und die Kräfte aller Elemente anrufen! In der Mitte steht die gelbe Kerze, die Ihren Schatz symbolisiert, und rundherum, in die vier Himmelsrichtungen weisend, werden die grünen Kerzen zirka eine Handbreit davon entfernt aufgebaut. „Aus allen vier Himmelsrichtungen strömen mir materielle Werte zu, die mir zustehen und mich und die Meinigen glücklich machen und in Frieden leben lassen!" Nach einem solchen Satz werden die grünen Kerzen, die sich auf den kleinen Untertassen befinden, ein Stück näher an die gelbe herangeschoben. Dieses Vorgehen wiederholen Sie so oft, bis die grünen Kerzen mit der gelben Kerze verschmelzen können. Während die Kerzen gemeinsam abbrennen, wird in der Räucherschale Myrrhe und Zeder verbrannt. Wenn das Ganze verschmolzen ist, wird das Wachs von der Unterlage abgelöst und an einem sicheren Ort aufbewahrt. Wenn das Ritual für eine andere Person bestimmt ist, dann lösen Sie die Eicheln aus der verschmolzenen Wachsplatte und geben Sie sie der betreffenden Person. Falls diese Ihr Geschenk nicht annimmt, können Sie die Eicheln auch auf ein Foto der betreffenden Person legen. Wenn Sie das Ritual im Freien durchführen, dann am besten unter einer Eiche. Dort wird dann ein Teil des Wachses vergraben, den anderen Teil nehmen Sie mit.

Ruhm und Geld

Menschen mit besonderen Begabungen, die ihre Berufung erkannt haben und diese auch leben werden oft verkannt. Obwohl sie mit Liebe, Ausdauer und Fleiß ihre Fähigkeiten zum Wohle der Mitmenschen einsetzen, bleibt ihnen oft Ruhm und Geld versagt. Intuitive, sensible, helfende Seelen haben mitunter ein Problem, sich selbst anzubieten, aber auch die Wertigkeit in Geld für die erbrachten Leistungen darzustellen. Fühlen Sie sich selbst zu diesen positiven, gebenden Seelen zugehörig, dann hilft Ihnen dieses Ritual zu gebührendem Ruhm und wohlverdientem Geld zu kommen.

Ingredienzien

Eine gelbe, eine orange und vier grüne Kerzen, Akazienblätter, Wermut, Muskat, Salbei, Zimtrinde, je ein Granat, Bernstein und Bergkristall, Salz, Lavendel, gelbe Rosenblätter, zwei Weihrauchkegel.

Der ideale Zeitpunkt

Drei aufeinanderfolgende Neumondnächte von 22.00 bis 1.00 Uhr

Das Ritual

Bei diesem Ritual legen Sie einen Kreis aus Salz, doch an einer Seite wird der Kreis durch die vier grünen Kerzen unterbrochen. Zusätzlich zu dem Salzkreis legen Sie innen noch einen Kreis aus Lavendel. Innerhalb dieser Kreise, den vier grünen Kerzen gegenüber, plazieren Sie einen Weihrauchkegel. Den zweiten plazieren Sie außerhalb der Kreise, ebenfalls gegenüber den vier grünen Kerzen. In die Mitte des Kreises stellen Sie links die gelbe und rechts die orange Kerze auf. Um die Kerzen herum werden die Akazienblätter, der Wermut, die Muskatnuß, der Salbei und die Zimtrinde gestreut. Ein Dreieck um die Kerzen und Kräuter bilden die drei Steine Bernstein, Bergkristall und Granat. Außerhalb der Steine, aber innerhalb des Lavendelkreises, werden die gelben Rosenblätter verteilt.

Das Familienritual

Eine alte Familientradition, die ich nach der Überlieferung weiterführe, ist ein Ritual zu der Zeit, wo die Frucht zu reifen beginnt.

Die wichtigsten Ingredienzien

Gelbes Papier, Lavendel, weißes Band, Birken und Lindenblätter, Schafgarbe, Wegwarte, Sonnenblumen, Ringelblumensamen, Donnerbesen.

Der ideale Zeitpunkt

Neumondtag Ende Juli

Das Ritual

Ende Juli an einem Neumondtag sitzen meine Familie und ich, auch unsere Kinder, zusammen und überdenken die Zeit, die wir von Jänner bis Juli durchlebt haben. Jeder zeichnet für sich seine negativen Erfahrungen, die Schattenseiten der Menschen, mit denen er konfrontiert war, alle Ängste, die in ihm schlummern, die dieses Jahr schon mit sich gebracht hat, auf. Ebenso Situationen, die man gerne aufgelöst hätte. Unsere Kinder, als sie noch in einem Alter waren, wo sie weder schreiben noch lesen konnten, haben einfach Bilder gemalt, auf denen dargestellt war, wovon sie sich befreien wollten. Wir verwenden dazu gelbes Papier, das vorher mit Weihwasser beträufelt und mit Lavendel eingerieben wird. Dieses Papier mit unseren Sorgen wird dann eingerollt und mit einem weißen Band gebunden.

Alle zusammen spazieren wir auf ein Feld und suchen Steine, mit denen wir einen Kreis bilden. Diesen Kreis legen wir mit Birken und Lindenblättern aus, sammeln einige Zweige und Äste und entfachen ein Feuer. Wir sitzen dann alle rund um diesen Kreis, bitten um Licht von oben und verbrennen in unserem Feuer Schafgarbe, Wegwarte und Sonnenblumen, die erst vor kurzem erblüht sein sollten. Meistens finden wir diese Pflanzen auf dem Weg zu unserem Feld. Es sind alles Pflanzen, die uns schützen und uns helfen sollen, unsere Bitten zu den richtigen Beschützern im Himmel zu senden.

Ins Feuer wird auch unsere Papierrolle geworfen. Während des Abbrennens konzentriert sich jeder für sich noch einmal auf das Geschriebene und verabschiedet sich in Gedanken von dem Erlebten. Das Feuer wird abwechselnd mit Erde und Quellwasser gelöscht. Zum Schluß wird der Boden wieder geebnet, und wir streuen zum Dank und als Zeichen von Frieden und Versöhnung Ringelblumensamen auf die Erde.

Dieses Ritual hat uns bisher immer Erleichterung gebracht, Ängste aufgelöst und uns Kraft für den Rest des Jahres gegeben, um unsere Aufgaben, die uns das Schicksal in den Weg stellt, wieder besser bewältigen zu können.

Damit wir auch im Haus eine gereinigte Atmosphäre haben, wird an diesem Tag das Haus nicht nur mit Weihrauch ausgeräuchert, sondern mit einer Flüssigkeit, die wir an einem Vollmondtag angesetzt haben, bestehend aus Donnerbesen, der in lauwarmem Wasser eingeweicht eine Nacht steht und dann abgeseiht wird, gereinigt. Die Ecken aller Räumlichkeiten werden im Uhrzeigersinn mit dieser Flüssigkeit besprengt.

Um der Symbolik der nachstehenden Worte zu entsprechen, richten wir uns in jedem Jahr nach der Vorgabe unserer Vorfahren und zelebrieren das Ritual.

„Bleib nicht in der Mitte eines Weges stehen,
siehst Du einen Felsen, reinige Dich, sammle Dich,
befreie Dich, wo Felsen ward ist Erde!“

Allerheiligen, Allerseelen, der Tag danach

Dieses Ritual sollten Sie unbedingt vor dem großen Jahresabschlußritual zelebrieren.

Allerheiligen

Beim Ritual zu Allerheiligen geht es um die Anrufung der Schutzgeister mit der Bitte, innere Blockaden aufzulösen.

Ingredienzien

Weißer Stoff, weiße Rosen, weiße Chrysanthemen, weiße Lilien, eine weiße Kerze, Bergkristallsplitter, Salz.

Innerhalb des Salzkreises werden die Blüten in Form von weiteren Kreisen, für jede Blütensorte einer, angeordnet. Die weiße Kerze steht in der Mitte des Kreises, neben der Kerze liegen die Bergkristallsplitter. Sie blicken in die Flamme der Kerze und fühlen in sich, ob sich in einer Ecke Ihrer Seele dunkle Schatten, wie Bilder einer Situation, die Ihnen Leid verursacht hat, oder Schmerz und Krankheit befinden. Diese Schatten machen Sie unglücklich und Sie durchleben nochmals all diese Situationen. Jeden einzelnen Schatten senden Sie in die Flamme, wo er in Lichtenergie aufgelöst wird.

Wenn die Kerze niedergebrannt ist, bleiben alle Ritualreste liegen und werden am nächsten Tag entsprechend ergänzt.

Allerseelen

Am Allerseelentag setzten Sie das Ritual fort und bitten um Schutz.

Ingredienzien

Rosa Rosen, rosa Hortensien, eine rosa Kerze, Rosenquarzsplitter.

Sie legen nun um den weißen Stoff noch den rosa Stoff und in den Salzkreis die rosa Blüten und die Rosenquarzsplitter. Sie blicken in die Flamme und geben sich völlig Ihrer höheren Führung hin, die Ihnen Ihren Weg zeigen wird. Die Frage, was mit Ihnen passiert und wo Sie in Ihrer Entwicklung stehen, wird Ihnen ebenfalls beantwortet werden. Nach der Frage,

„Wer hilft mir und wer ist bei mir,
um meine Wünsche zu realisieren?"

werden Sie Symbole und Bilder erkennen, die Ihnen den weiteren Weg weisen.

Der Tag danach

Ingredienzien

Hellblauer Stoff, gelbe und rote Rosen, gelbe und weiße Chrysanthemen, weiße Lilien, eine gelbe, rote und hellblaue Kerze, Splitter Ihres persönlichen Steines.

Dieser Tag dient zu Ihrem Kraftaufbau, zur Beständigkeit und um friedvolle Energie zu erlangen. Beim Blick in die Flammen sollten Sie in Gedanken die folgenden Worte formulieren:

„Ich wünsche mir, Kraft zu fühlen
und eine machtvolle Magie durchführen zu können!"

Wenn alle Kerzen abgebrannt sind, teilen Sie die Ritualreste genau in der Mitte. Der rechte Teil wird in alle Winde verstreut. Der linke Teil wird in ein Talismansäckchen gefüllt und bis zum Jahresabschlußritual am Körper getragen.

Talismane und magische Helfer für erfolgreiche Tage und zauberhafte Nächte

Talismane

Die Herstellung und der Gebrauch

In früheren Zeiten war die Herstellung eines Talismans als Geschenk für Menschen, die man liebte, eines der schönsten und wirkungsvollsten Bräuche der weißen Magie. Für jeden Wunsch, der sich erfüllen sollte, gab es genaue Anleitungen zur Herstellung der Talismane. Kein Soldat zog zum Beispiel in den Krieg, ohne einen Talisman der Mutter oder seiner Geliebten bei sich zu tragen und so geschützt zu sein. Dieses Glückssäckchen gab ihm in der Ferne Mut und bestärkte ihn im Glauben an eine glückliche Heimkehr zu seinen Liebsten, denn er fühlte, nicht allein zu sein und den Schutz der Liebe und die Kraft der lichtvollen Mächte bei sich zu tragen, deren Zauber für ihn wirkten.

Frauen, die um die Wirkung der weißen Magie wußten, stellten Talismane für verschollene Menschen her, legten sie auf ein Schriftstück oder eine Zeichnung dieser Menschen und zelebrierten im Mondlicht Schutzrituale, so daß der Zauber zur Wirkung kam, obwohl die betreffende Person den Talisman gar nicht an ihrem Körper trug.

Weiße Hexen heute verwahren Talismane für andere ebenfalls bei sich, denn auch heutzutage ist so mancher Geliebter hin und wieder verschollen, wenn auch aus anderen Gründen als zur Zeit unserer Vorfahren. Viele Männer lehnen es aus Unwissenheit überhaupt ab, einen Talisman zu tragen. Will oder kann er also den von Ihnen hergestellten Talisman nicht annehmen, verliert weder Ihr Ritual noch das magische Säckchen seine Wirkung. Legen Sie den Talisman einfach an einen persönlichen Platz unter ein Foto von ihm und geben Sie einen runden Bergkristall darauf. In jeder kommenden Vollmondnacht beträufeln Sie den Kristall und den Lederbeutel mit Pfefferöl und Quellwasser. Diese Zeremonie führen Sie so lange durch, bis Ihr Geliebter für immer bei Ihnen ist oder die Wünsche, die der Talisman erwirken soll, erfüllt sind.

Es ist nicht schwer, einen Talisman selbst herzustellen, denn es gilt auch hier:

„Erst die Liebe und der Glaube wirken die Magie!“

Wenn Sie die nachstehend beschriebenen Grundregeln einhalten, wird jeder von Ihnen hergestellte Talisman seine Wirkung nicht verfehlen.

1. Die verwendeten Säckchen werden mit eigenen Händen genäht,

2. das Garn dazu mit Lavendelblüten eingerieben.

3. Alle verwendeten Zutaten müssen frei von künstlichen Einflüssen sein, es dürfen etwa keine Garne oder Stoffe verwendet werden, die nicht zu hundert Prozent aus Naturmaterialien bestehen.

4. Auch die Öle wurden in früherer Zeit selbst gepreßt oder Kräuterauszüge für die Weihung des Talismans verwendet.

5. Die Kerzen, die Sie im Lichtkreis verwenden, sollten aus Bienenwachs sein; auch sie wurden ursprünglich selbst hergestellt.

6. Die Steine waren selten Edelsteine, sondern kamen aus der Erde oder aus Flüssen, je nach Zweck und Sinn des Talismans.

7. Verschnürt und mit drei Knoten gebunden sowie Wunsch und Inhalt des Talismans ausgesprochen wird immer im Mondlicht.

8. Die Räuchermischung, über die Sie anschließend im Uhrzeigersinn den Talisman schwenken, besteht aus nicht mehr als drei Zutaten der entsprechenden Kräuter oder Gewürze.

9. Der Inhalt des Säckchens darf nicht mehr und nicht weniger als acht Teile betragen.

10. Bei einem Talisman wird der Zauber gebunden, indem man auf die drei Knoten des Säckchens Weihrauchöl tropft oder diese Stelle mit Kerzenwachs versiegelt. Weiße Hexen allerdings binden diesen Zauber mit drei Tropfen Ihres Blutes aus dem Ringfinger und sprechen dabei einen magischen Spruch, der dem Sinn des Talismans entspricht.

11. Bevor Sie den Talisman weiterschenken, tragen Sie ihn bis zur nächsten Vollmondnacht an Ihrem Körper. Anschließend beträufeln sie ihn mit Weihwasser, am besten in einer Kirche oder an einem Ort, wo Heilpflanzen oder kraftvolle Bäume wachsen. Erst dann dürfen Sie Ihren Talisman weitergeben.

12. Es durften nicht mehr als drei Frauen beisammen sein, während ein Glückssäckchen hergestellt wurde. In der Überlieferung heißt es, eine Jungfrau, eine Mutter und eine Magierin bilden den Kreis von Licht, Liebe und Zauber, aus dem ein Talisman erwächst.

13. In einem Lichtkreis aus Kerzen in zweckentsprechenden Farben wird der Talisman geweiht. Die Kerzen des Kreises werden schon am Beginn der Herstellung entzündet.

Es heißt

„Im Scheine der Flammen
werden die Hexen mit den Kräutersäckchen
das Unheil bannen!“

Ein kleines Bouquet zeigt große Wirkung

Um die Chancen auf einen Spielgewinn zu erhöhen, bereiten Sie in einer Neumondnacht ein Kräuterbouquet, bestehend aus Eschenblättern, Eichenblättern, einem Kamillenzweig und Eisenkraut vor. Umbinden Sie mit einem Weidenzweig, der mit Salbei- und Lavendelöl besprengt wird, Ihr Gewinnbouquet.
Während dieser Zeremonie wird eine Weihrauchmischung aus Muskat und Myrrhe verbrannt. Ihre Gedanken, Ihre Konzentration sind während des Rituals auf die Worte

„Ich gewinne, Materie fließt mir zu!“

gerichtet.

Rufen Sie alle höheren Mächte um Einsatz ihrer Kräfte an, damit Ihnen die materiellen Werte zufließen, für die Sie bereit sind und die Ihnen zustehen. Senden Sie aus Ihrem Herzen und aus Ihrer Seele einen Dank für die bevorstehenden Gaben nach oben. Von nun an tragen Sie Ihr magisches Bouquet, das Geld anziehen wird, immer bei sich. Die Wochentage Donnerstag und Dienstag bei Neumond werden Ihre Glückstage sein.

Der Geldtalisman

Ingredienzien

Ein grünes Baumwollsäckchen, gebunden mit einem weißen Band.
Räuchermischung zu je einem Teil Eichenrinde, Johanniskrautwurzel, Esche.

Für den Inhalt des Säckchens benötigen Sie
drei Eicheln, eine Muskatnuß, drei Salbeiblätter, ein Eichenblatt.
Die Herstellung des Talismans erfolgt wie beschrieben nachts bei zunehmendem Mond, vorzugsweise an einem Donnerstag.

Ein besonderer Talisman

zum Verschenken oder um selbst Geschenke oder Gewinne zu erwirken.

In einer Vollmondnacht geben Sie folgende Ingredienzien in ein hellgrünes Baumwoll- oder Seidensäckchen:

1 Teil Salbei
1 Teil Kamille
1 Teil Eisenkraut
einige Senfsamen
ein kleines Stück Liebstöckelwurzel
eine Eichel

Mit einem gelben Band binden Sie Ihr Säckchen mit sieben Knoten und konzentrieren sich dabei auf den Gedanken:

„Mein Einsatz aus vollem Herzen
wird mir siebenfach wiedergegeben."

Die Weihrauchmischung, die dabei verbrannt werden soll, besteht zu gleichen Teilen aus Lavendel, Muskat, Safran und Sandelholz.

Das Säckchen, das Sie vorher befüllt haben, wird nun im Uhrzeigersinn über dem Rauch der Weihrauchmischung geschwenkt.

Glückstage, an denen Ihr Talisman besondere Wirkung hat:
Vollmondtage, Sonntage und Tage, die durch sieben teilbar sind oder wenn die Quersumme des Tagesdatums durch sieben teilbar ist. Ist Ihr Talisman als Geschenk für einen lieben Menschen gedacht, fügen Sie dem Inhalt einen Bergkristall hinzu. Binden Sie während des Rituals jene Person, für die Sie Gewinne erwirken wollen, gedanklich mit ein.

Talisman für Erfolg

Ingredienzien

Ein rotes Ledersäckchen mit rotem Lederband gebunden.
Eine Räuchermischung zu je einem Teil Zimt, Salbei und Kamille.

Für den Inhalt des Säckchens benötigen Sie
ein Teil Eschenrinde, ein Teil Baldrian, zwei kleine Zimtstangen, vier Sonnenblumenkerne.

Die Herstellung des Talismans erfolgt in einer Neumondnacht.

* * * * *

Talisman für Schutz und Heilung

Ingredienzien

Ein blaues Baumwollsäckchen, mit blauem Band gebunden.
Eine Räuchermischung zu je einem Teil Kamille, Zedernholz, Salbei.

Für den Inhalt des Säckchens benötigen Sie
einen kleinen Bergkristall, einen kleinen Rosenquarz, ein Teil Ringelblumensamen, ein Teil Kamillenblüten, Birkenrinde, drei Birkenblätter.

Die Herstellung des Talismans erfolgt in einer Neumondnacht.

Talisman für die Liebe

Ingredienzien

Ein rotes Ledersäckchen mit rotem Lederband gebunden.
Eine Räuchermischung zu je einem Teil Rosenblätter, Lorbeerblätter, Mistelblätter.

Für den Inhalt des Säckchens benötigen Sie
ein Teil Pfefferkörner, ein Teil Gewürznelken, ein Teil Fenchel, ein Teil Rosmarin, ein Teil rote Rosenblätter, einen Stein aus einer Quelle, Foto oder ein vom Geliebten beschriebenes Papier, ein kleines Stück Stoff, welches Sie an Ihrem Körper getragen haben.

Die Herstellung des Talismans erfolgt in einer Vollmondnacht.

* * * * *

Talisman gegen Flüche und böse Geister

Ingredienzien

Ein purpurfarbenes Stoffsäckchen mit rotem Lederband gebunden.
Eine Räuchermischung zu je einem Teil Arnika, Beifuß und einigen Weihrauchkörnern.

Für den Inhalt des Säckchens benötigen Sie
einen kleinen Mistelzweig, Tausendgüldenkraut, Thymian, Eschenrinde, Wermutkraut, ein kleines Stück von einer Lindenwurzel, ein weißes Band mit acht Knoten und einen weißen Kieselstein aus einem sauberen Fluß.

Die Herstellung des Talismans erfolgt in einer Vollmondnacht.

Floristische Sträuße der weißen Magie

Ingredienzien

Acht Teelichter, Salz, Weihrauchkörner und die jeweiligen Blüten, Kräuter oder Zweige, ein Band in der entsprechenden Farbe.

Vor dem Binden der Sträuße legen Sie einen Salzkreis mit Lavendelblüten. Innerhalb dieses Kreises stellen Sie im Halbkreis die acht Teelichter auf und entzünden sie. In einer Räucherschale verbrennen Sie auf einem Stück Glühkohle einige Weihrauchkörner. Nun binden Sie Ihren Strauß mit drei Knoten und schwenken diesen dreimal im Uhrzeigersinn über dem Rauch der Räuchermischung. Diese Sträuße sollten an dem Ort aufgelegt oder aufgehängt werden, an dem sie Ihren Wunsch anziehen sollen. Der Strauß sollte dabei immer nach Osten ausgerichtet sein. Sie können diese Sträuße selbstverständlich auch netten Menschen, der Familie oder Freundinnen schenken, die Ihre Hilfe brauchen können.

* * * * *

Liebe und Harmonie für das Jahr

Mistelzweige, Immergrün, rote und weiße Rosen mit einem weißen Band zu einem Strauß gebunden. Dieser Strauß wird im Dezember in einer Vollmondnacht zum Trocknen aufgehängt und danach in Ihren Schlafräumen aufbewahrt, um Ihre Liebe zu schützen, zu stärken und für das Jahr die Liebe des Partners an sich zu binden.

* * * * *

Liebe anziehen

Lavendel, ein Roßkastanienzweig, ein Birkenzweig, rote und gelbe Rosen mit einem Weidenzweig gebunden, symbolisieren die leidenschaftliche Liebe und helfen diese anzuziehen.

* * * * *

Erfolgsstrauß

Eichenzweige, Eschenzweige, gelbe Rosen, Wacholderzweige und Lavendel werden mit einem gelben Band zu einem Strauß gebunden. Dieser Strauß kann in einer Vase (beste Position ist Richtung Norden) im Eingangsbereich aufgestellt werden und bringt Ihnen Glück mit Geld und gute Geschäfte. Ob die Sträuße frisch oder getrocknet sind, ist ohne Bedeutung. Es hat ebenfalls keine besondere Bewandtnis, ob der Strauß aufgehängt oder hingelegt wird.

* * * * *

Schutz des Hauses
Mistel, Lavendel und Schafgarbe mit einem weißen Band zu einem Strauß binden und in der Silvesternacht ins Mondlicht legen. Am nächsten Tag mit Weihrauchöl beträufeln und im Eingangsbereich Ihres Hauses aufhängen.

* * * * *

Glücksbüscherl der weißen Magie

Schutz vor Ungemach
Johanniskraut, Weinraute und Donnerbesen werden in einer Vollmondnacht gebunden und schützen gegen dunkle Mächte.

Frieden und Freundschaft
Rosmarin, Wacholderzweig, Beifuß und Königskerze gebunden, halten Freundschaft und Frieden im Haus.

Geldbüscherl
Salbei, Klee, Kamille, Eisenkraut und Liebstöckel zu einem Büschel gebunden, schützen Geld und ziehen Reichtum an.

Feinde
Angelika, Majoran, Dillkraut auf ein weißes Säckchen mit Gewürznelken gebunden, schützt die Person, die das Büscherl bei sich trägt, vor Feinden.

Fruchtbarkeit und Schutz für Frauen
Eberesche, Veilchen (samt Wurzeln), Rosmarin, Basilikum, Johanniskraut und Lavendel.

Das große Jahresabschlußritual

Das große Jahresabschlußritual I

Mit diesem Ritual können Sie Ihre Schatten der Vergangenheit verbannen und auflösen.

Dieses Ritual hilft Ihnen, Beziehungsprobleme des vergangenen Jahres aufzulösen und mit einer inneren Klarheit und emotionaler Reinigung in ein neues Beziehungsjahr gehen zu können. War das zu Ende gehende Jahr vorwiegend vom Partnerschaftsthema bestimmt, ist die Vorgangsweise des Jahresabschlußrituals I empfehlenswert und die vorgeschlagene Variante II nicht nötig. Beide Varianten zu kombinieren ist möglich. Variante I und II hintereinander zu zelebrieren bringt Ihnen keinen Erfolg, da der benötigte Kraftaufwand in dieser kurzen Zeit nicht aufgebracht werden kann. Stehen Sie in einer Lebenssituation, daß beide Rituale vonnöten sind, zelebrieren Sie das Jahresabschlußritual II am ersten Donnerstag im Jänner des neuen Jahres.

Die wichtigsten Ingredienzien

Rote und weiße Rosen, weiße und gelbe Chrysanthemen, zwei weiße Kerzen, Kamillenblüten, Salbei, Salz, ein Kegel Sandelholzräucherwerk, Weihrauchkörner, Rosmarin, hellblauer Stoff, acht Teelichter, ein Bergkristall oder ein Rosenquarz (möglichst in abgerundeter Form), ein Blutstein.

Der ideale Zeitpunkt

Zu Neumond – in drei aufeinanderfolgenden Nächten

Das Ritual

1. Tag

Die weißen Rosen und die weißen Chrysanthemen werden zu einem Kreis mit Kamillenblüten, Salbei und Salz aufgelegt. In der Mitte des

Kreises aus Rosen und Chrysanthemen wird ein Blutstein plaziert. Außerhalb des Kreises werden in der Mitte, vorne, rechts und links hinten, je eine Schale mit Weihrauchkörnern, einem Räucherkegel Sandelholz und Rosmarin aufgestellt und entzunden. In die Kerzen werden Ihr Name und der Name Ihres Lebenspartners eingeritzt. Die Kerzen werden in eine Schale gestellt und angezündet. Rundherum werden sechs Teelichter gestellt, und vorne wird ein Bergkristall in den Ritualkreis gelegt.

Danach reinigen Sie sich mit Wasser, Salbei und Lavendel, und dann wird das ganze letzte Jahr noch einmal visualisiert und alles Böse weggeschickt. Die Visualisierung dazu lautet:
Holen Sie sich die Bilder, welche die Schatten der Vergangenheit darstellen, ins Gedächtnis, verzeihen Sie, lassen Sie los und verpacken Sie diese Bilder symbolisch in ein Kästchen, das durch einen Lichtstrahl aus Ihrem Herzen, aufgelöst wird.

2. Tag
In den Blumenkreis werden noch gelbe Rosen und gelbe Chrysanthemen hinzugelegt. Die Räucherschalen werden wieder entzündet, ebenso die Kerzen und die Teelichter.
Danach reinigen Sie sich wieder mit Wasser, Salbei und Lavendel. Die Visualisierung dazu lautet:
„Was sind unsere nächsten Schritte und Ziele?“

3. Tag
Neben den Blutstein werden rote Rosen gelegt. Die Teelichter und die Kerzen werden wieder entzündet. Wie am Tag zuvor reinigen Sie sich wieder mit Wasser, Salbei und Lavendel. Anschließend knien Sie nieder und gehen in sich.
Nachdem die Kerzen abgebrannt sind, schreiben wir unsere Wünsche auf einen kleinen weißen Zettel und binden diesen mit einem weißen Band. Die Wünsche nochmals auf einen Zettel schreiben und diesen bei sich tragen. Die Ritualreste werden noch in derselben Nacht in einen Fluß geworfen.

Das große Jahresabschlußritual II

Der ideale Zeitpunkt

In der Zeit vom 20.12. bis zum 5.1. innerhalb der Nachtstunden von 22.00 Uhr bis 1.00 Uhr, nach Möglichkeit an einem Freitag, ersatzweise an einem Mittwoch

Die wichtigsten Ingredienzien

Lavendel, Kamille, Fenchel, rosa Rosen, Weihrauch, Weihwasser, ein rotes Band, ein weißes Band, weiße Chrysanthemen, Mistelzweige, ein weißes, ein gelbes und drei rosa Blatt Papier, acht weiße Teelichter, eine weiße und eine gelbe Kerze, weißer Stoff als Unterlage für Ihren Ritualplatz, eine Räucherschale, eine Kristall- schüssel mit einer Wasser/Lavendelölmischung.

Als Weihrauchmischung je ein Teil
Johanniskraut, Kalmus, Mistelzweige, Lavendel.

Zum Schutz
besprengen Sie den Ritualplatz und die Ingredienzien mit einem Sud aus in Wasser eingelegtem Eisenkraut.

Das Ritual

wird aufgebaut und durchgeführt wie auf Seite 29 beschrieben.
Um frei und unbelastet, voller Energien und klaren Zielen in Gedanken das neue Jahr beginnen zu können ist dieses Ritual ein Pflichttermin. Es ist nicht nur ein Reinigungsprozeß Ihrer Psyche, sondern zugleich auch eine magische Handlung, die bewirkt, daß Ihre Ziele für das kommende Jahr Realität werden. Zu beachten ist, daß es in der Welt der Magie keinen Zeitbegriff gibt und ein Kalenderjahr nach unserem Empfinden nicht unbedingt die Zeitspanne bedeutet, in welcher Ihr Ritual Wirkung zeigt. Dies bezieht sich allerdings nur auf die

Wünsche, die Ihre Zeremonie bewirken soll. In keinem anderen Ritual ist die persönliche Vorbereitung so wichtig wie in diesem. Genügend Zeit, um ungestört und entspannt in sich gehen zu können ist genauso bedeutungsvoll wie die Bereitschaft loszulassen und das letztmalige, bewußte Verdeutlichen vergangener schmerzhafter Situationen. Eine Auflistung der Antworten folgender Fragen, die Sie sich selbst beantworten sollen, ist die Grundlage für Ihr Ritual.

1. Zeichnen Sie alle positiven und negativen Aspekte und Eindrücke zu den nachstehenden Themen in je einer Spalte nebeneinanderstehend auf:

		Positives	Negatives
a)	Ich	....	....
b)	Umwelt, Freunde	....	....
c)	Beruf	....	....
d)	Finanzen	....	....
e)	Familie – Partner, Kinder	....	....
f)	Liebe	....	....
g)	Gesundheit	....	....
h)	Reisen	....	....
i)	Wohnen	....	....
j)	Sonstiges	....	....

Korrigieren Sie Ihre Sichtweise, falls Sie mittlerweile Abstand oder eine andere Meinung zu den in der Spalte Negatives angeführten Erinnerungen gefunden haben. Genauso kann es sein, daß Sie Niederlagen oder unangenehme Situationen mittlerweile akzeptieren können, usw. Übertragen Sie nun die positiven Ergebnisse auf ein rosa Blatt Papier unter dem Titel:
Erinnerungen, die ich nicht missen möchte.

Aus der Spalte Negatives übertragen Sie ebenfalls Ihre angeführten Zeilen auf ein weißes Blatt Papier unter dem Titel:
Schatten, Prüfungen, die ich loslasse und aus meinem Leben verbanne.

Auf einem gelben Blatt Papier zeichnen Sie Erinnerungen auf, die Ihnen Antworten auf folgende Fragen geben:

Was wurde aus meinen Zielen des vergangenen Jahres?

Hatte ich Chancen, vielleicht nicht erkannt, vielleicht nicht genutzt?

Was habe ich aufgegeben und weshalb?

Gibt es offengebliebene Aufgaben?

Welche Schritte in meiner Persönlichkeitsentwicklung sind im vergangenen Jahr passiert?

Welche Erfolge hatte ich in diesem Jahr zu verzeichnen?

Was habe ich mit mir und meiner Kraft alleine geschafft?

Anschließend lassen Sie gedanklich die letzten zwölf Monate Revue passieren, um noch einmal Licht- und Schattentage zu erkennen und zu trennen. Alle Antworten auf die vorangegangenen Fragen, die ein unbefriedigendes Ergebnis hervorgebracht haben, das nicht mehr zu verändern ist, übertragen Sie jetzt auf Ihr weißes Blatt Papier. Die positiven Ergebnisse werden auf dem rosa Blatt hinzugefügt.

Im ersten Teil der Zeremonie werden das weiße und das gelbe Blatt Papier zu einer Rolle gedreht und mit rotem Band gebunden und gemeinsam mit dem angeführten Räucherwerk verbrannt. Gedanklich konzentrieren Sie sich darauf, daß Sie Ihre Vergangenheit verabschieden. Anschließend wird das rosa Papier, das zu einer Rolle mit weißem Band gebunden wurde, verbrannt.

Unterbrechen Sie nun die Zeremonie, um sich auf die Zielsetzung für das kommende Jahr zu konzentrieren. Auf rosa Papier führen Sie, nach Prioritäten geordnet, die Wünsche aus jedem Lebensbereich, in zweifacher Ausführung, an. Auf den beiden Blättern steht ganz oben der Titel:

„Was ich will, mir wünsche und mit Hilfe der höheren Mächte dieser Zauber bewirke:“

Als Abschlußsatz wird jeweils geschrieben:

„Ich bin bereit, meine höhere Führung auf diesem Weg anzunehmen und dafür folgendes Opfer . . . bis zur Verwirklichung meiner Wünsche zu bringen!“

Erst jetzt beginnen Sie mit dem zweiten Teil der Zeremonie. Reinigen Sie mental nochmals Ihre spirituellen Punkte und sammeln Sie kosmische Energien in Ihrem Seelenpunkt. Visualisieren Sie jetzt ein Bild, welches die Darstellung der verwirklichten Wünsche zeigt. Durchleben Sie in Gedanken die gewollten, erreichten Ziele voll Freude und Sicherheit.

„Was ich will, ist da!“

Öffnen Sie anschließend mental Ihre spirituellen Punkte und lassen Sie reines Licht in Ihren Körper und Ihre Seele fließen. Fühlen Sie, wie die Kraft des Universums sich in Ihrem Körper sammelt und seien Sie gewiß, daß Sie diese Kraft nicht mehr verlassen wird.

Als Abschluß senden Sie ein Gebet an Ihre göttliche Führung und einen Dank an die Kräfte des Kosmos, der Elemente und an Ihre Schutzengeln. Noch in derselben Nacht übergeben Sie alle Ritualreste dem Element Wasser. Vor dem Einschlafen visualisieren Sie sich nochmals Ihre gewünschten Ziele und freuen sich darauf.

Was soll mit den Resten der Zutaten Ihrer Rituale passieren?

An dieser Stelle möchte ich darauf hinweisen, daß bei allen verwendeten Zutaten mit der nötigen Sorgfalt und dem Bewußtsein umgegangen werden soll, daß diese Gegenstände, Blüten, Kräuter etc. Ihre machtvollen Helfer oder Boten in einer Zeremonie darstellen. In jedem Ritual ist die Kraft eines Elementes vorherrschend, die nach einer Zeremonie verbleibenden Reste sind wie folgt dem jeweiligen Element noch in derselben Nacht zu übergeben.

Ausnahmen bilden Räucherschalen, Schmuckstücke, Talismane und Steine, falls Sie in einem Ritual die Seele eines Menschen mit diesem Stein verbunden haben. Auch Fotos einer oder mehrerer Personen zählen dazu. In der weißen Magie ist es ein Tabu, Fotografien zu verbrennen, Sie mit Nadeln zu präparieren oder andere Willkürakte vorzunehmen. Zerstören Sie auch niemals Fotografien, auf denen Sie selbst abgebildet sind. Der Grund dafür ist, daß Lebensenergien gebrochen werden und bei Verstorbenen der Seelenfrieden gestört wird. Möchten Sie sich von Fotos trennen, dann sollten Sie diese mit einem weißen Band zusammenbinden, welches Sie dreifach verknoten, mit Weihwasser oder Quellwasser besprengen und im Anschluß in der Erde vergraben. Eine besonders geeignete Stelle dafür ist unter einer Birke oder Eiche.

Rituale, die zum Ziel haben, etwas zu bewegen, bewirken, vermitteln, etc., sind dem Element Wasser zugeordnet. Die verbliebenen Ritualreste werden einem fließenden Gewässer übergeben.
Binden Sie die Reste in ein Baumwollsäckchen und werfen Sie dieses in den Fluß. Sehen Sie niemals nach, wohin diese Reste fallen oder schwimmen.

Rituale, die zum Ziel haben, etwas zu entfachen, Leidenschaft zu steigern, Erfolg zu schüren oder ähnliches, sind dem Element Feuer zugeordnet. Am Ende solcher Rituale müssen Sie mit besonderer

Sorgfalt darauf achten, daß alle verwendeten Zutaten gänzlich verbrannt werden. In der Asche und den Wachsresten sind danach keine Energien mehr. Was bleibt, ist tote Materie, welche Sie wie üblichen Abfall entsorgen können.

Reste von Ritualen, die zum Ziel haben, etwas aufzulösen, zu befreien, Feinde oder Gläubiger, aber auch negative Energien oder Anschuldigungen zu beseitigen, werden am Ende sozusagen in alle Winde verstreut.

Dies bedeutet, daß Sie die am Ende einer Zeremonie verbliebenen Ingredienzien in ein Baumwollsäckchen geben, nicht binden, und noch in derselben Nacht auf einer Brücke oder auf einem Hügel dem Element Luft übergeben.

Ist es Ihr Wunsch, durch eine Zeremonie Wachstum in einer Liebes- oder materiellen Angelegenheit zu erreichen oder bestehenden Wert zu vermehren, oder Menschen in Liebe an sich zu binden, ist diesem Ritual das Element Erde zugeordnet. Vergraben Sie die Ritualreste also am besten in fruchtbarem Boden oder bei Partnerschaftsritualen unter blühenden Bäumen.

Natürlich gibt es zu den einzelnen speziellen Ritualen auch Ausnahmen; richten Sie sich jedoch an die eben beschriebenen grundsätzlichen Vorgangsweisen, wird dem Erfolg Ihres Rituals nichts im Wege stehen. Sie bewirken damit in keinem Fall, jemand anderen oder sich selbst zu schaden.

Nicht immer möglich, aber ideal wäre es, wenn der Ort, an dem Sie die Zeremonie durchführen, dem Hauptelement des Rituals entspricht!

Für materiellen Erfolg bevorzugten Magier und Hexen schon von jeher den Boden unter Eichen. Für geheime Schätze galt der Platz, am dem die Eiche ihren Schatten am längsten warf, als kraftvollster Ort der Magie.

Von uns angebotene Seminare und Vorträge

„ICH - LIEBE - ERFOLG“

Erfolg ist für viele ein Wort voll Sehnsucht, denn es beinhaltet Anerkennung in der Gesellschaft, Wohlstand, Glück etc. Für viele von uns beinhaltet dieses Wort aber leider auch Leistungsdruck, Streß und teilweise sogar den Umstand, sein Selbst zu verleugnen, um zu entsprechen und so mehr Erfolgschancen zu haben. Der wahre Erfolg ist jedoch der, den man als seinen persönlichen Erfolg bezeichnet, wo jeder Schritt dazu mit Liebe getan wird. Nur so werde ich das Original - „MEIN ICH“ erfolgreich kreieren können und zu inneren und äußeren Werten finden können, die den wahren Erfolg auszeichnen.

Inhalt:
Wo liegen meine Fähigkeiten? Mein persönlicher Karriereplan. Das Original „MEIN ICH“. Mentale Stärke einsetzen, Menschen mit unbewußten Suggestionen als Wegbegleiter führen.

„LIEBE, LEIDENSCHAFT, PARTNERSCHAFT“

An diesem Abend darf ich mit Ihnen, symbolisch betrachtet, einen Liebescocktail mixen, der, richtig angewandt, jeder Frau einen besonderen Status im Herzen des Geliebten sichert. Frau zu sein, Geliebte zu sein ist nicht als Aufgabe zu betrachten, sondern vielmehr als schöne Herausforderung zu sehen. Unsere natürlichen Waffen im Spiel der Liebe einzusetzen und so manches in Vergessenheit geratene Kräutlein, gemischt mit Psychologie, haben in jeder Epoche Frauen zu einem erfüllten Leben verholfen. Die Liebesenergie ist die stärkste Energie, das wissen wir Frauen schon längst, Männern hingegen ist es oft nicht bewußt. Wir werden uns also nicht damit aufhalten, ihnen Theorien zu erklären, um sie zu überzeugen, sondern sie fühlen lassen, was der Himmel in der Liebe bedeutet und wie die Hölle aussehen könnte. Wie das gehen soll, darf ich Ihnen an diesem Abend vermitteln. Ich freue mich darauf, als Frau der Weiblichkeit damit einen Schritt mehr an positiver Macht geben zu können.

Inhalt:
Frau sein, weiblich sein, Geliebte sein. Sinne, Seele, Gefühle des Partners für immer für sich gewinnen. Diplomatie, Raffinesse, Phantasie.

„KRAFT DER GEDANKEN“

Wie einfach im Grunde genommen positives Denken ins Alltagsleben zu übernehmen ist und wie viel man mit der Kraft der Gedanken bewirken kann wird in diesem Seminar vermittelt. Alltagsbelastungen sofort abzubauen eine immer wichtiger werdende Notwendigkeit in unserer Leistungsorientierten Zeit. Von mentaler Stärke hängt immer mehr unser Erfolg im Leben ab. Angewandtes Mentaltraining ist das Geheimnis starker positiver Persönlichkeiten und von ausgeglichenen, erfolgreichen Menschen. Das Spektrum der Möglichkeiten reicht vom eigenen Energieaufbau bis hin zur Realisierung von konkret definierten Zielen und positiver Einflußnahme auf Menschen. Ein einfaches und sofort umsetzbares Konzept dafür ist Inhalt dieses Abends. Voraussetzung ist eigentlich nur Ihr Wille und Überzeugung. Erstaunlicherweise ist es für jedermann glaubwürdig, daß man sich Probleme sozusagen selbst heraufbeschwören kann, nur im umgekehrtem Sinne wird immer wieder gezweifelt. Ich bin überzeugt, daß nach diesem Abend auch Sie zu den Menschen gehören, die durch die Kraft ihrer Gedanken mehr Lebensglück erreichen.

„VERGANGENHEIT LOSLASSEN, ZUKUNFT ZULASSEN“

Ungelöste belastende Erlebnisse, nicht zu verdrängende Erinnerungen, Furcht vor Wiederholung von menschlichen Enttäuschungen usw. sind oftmals ein überdimensionaler Felsen, der ein Weiterkommen und Lebensqualität verhindert. Dieser Umstand hat schon oft eine beginnende Partnerschaft zerstört, da Erfahrungen aus der Vergangenheit Vertrauen und Harmonie blockierten. Die Empfehlungen wohlwollender Menschen, wie zum Beispiel loslassen, sich selbst lieben, fallen lassen lernen, können wir oft schon gar nicht mehr hören. Dies ist nämlich leicht gesagt, wenn auch gut gemeint, aber sehr schwer umzusetzen. Über einen längeren Zeitraum hindurch angesammelte Belastungen kann man nicht in einigen Wochen auflösen. Fremde Hilfe ist möglicherweise ein Zeit- oder materielles Problem. Trotzdem kann und darf es nicht sein, daß keine Möglichkeit gefunden wird, ein klares Lösungskonzept für sich zusammenzustellen, das man auch alleine umsetzen kann. In diesem Seminar darf ich ihnen meinen Weg dazu vermitteln. Wir sind schließlich hier, um zu leben und nicht, um zu leiden.

Aktuelle Seminartermine in Ihrer Nähe erfragen Sie bitte unter der Telefonnummer 02628/63 731 21.

„SCHLANK WERDEN - SCHLANK BLEIBEN“

Wie programmiere ich mein Unterbewußtsein, um ohne Diät schlank zu sein?

„DIE SCHÖNSTEN VISUALISIERUNGEN & SUGGESTIONEN“

Welche Visualisierungen wende ich für Zielfindung, Schutz, Entspannung, Erfolg, etc. an? Wie setze ich meine mentalen Kräfte dafür ein? Mentaler Kraftaufbau mit Suggestionen.

„KRISEN ALS CHANCE“

Wege aus der Krise erkennen lernen, Neuorientierung finden und umsetzen können, in jedem Lebensbereich die Botschaft der Krise erkennen und nützen. Von der Persönlichkeits- bis zur Beziehungskrise, es gibt immer einen Sinn und eine positive Lösung.

„TRÄUME RICHTIG GEDEUTET“

Wann vermittelt mir ein Traum eine Botschaft? Der spirituelle Umgang mit Träumen. Traumdeutung nach überlieferter Symbolik.

„DIE WEISSE MAGIE DER LIEBE“

Das Seminar zum Buch.

„DER BLICK IN DIE SPIRITUELLE WELT“

Dieser Abend ist spirituell interessierten Menschen gewidmet, die über Möglichkeiten zum Kontakt mit der unsichtbaren Welt in richtiger Art und Weise informiert werden wollen.

Aktuelle Seminartermine in Ihrer Nähe erfragen Sie bitte unter der Telefonnummer 02628/63 731.

Seminarbuchungen außer Haus sind ab einer Anzahl von 15 Teilnehmern möglich.

Liebe – ein Weg

zur Partnerschaft

Christa Maria Regenspurger, die Autorin, widmet dieses Buch allen Frauen, die bereit sind, für eine wirklich harmonische Partnerschaft – mit dem vom Schicksal bestimmten Lebenspartner – auch etwas zu tun.

Durch ihren eigenen Lebensweg und ihre jahrelange Erfahrung mit Persönlichkeits- und Partnerschafts-analysen ist die Grundlage zum Buch **Liebe – ein Weg** entstanden. Dieses Arbeitsbuch soll Wegweiser und Stütze sein, diesen Weg im tiefsten Innersten alleine gehen zu können. Obwohl für die Damenwelt geschrieben, sollen die Männer nicht ausgeschlossen werden, denn sie sind es, deren Herz erobert werden soll.

Inhalt des Buches:

– Vorbereitung für den Lebenspartner

– Situationsanalyse, Vergangenheitsbewältigung,....,

– die Begegnung mit dem Lebenspartner

– über die Sinne in sein Herz - Ziel, seine einzige Frau zu sein

– die Partnerschaft

– welche Form der Partnerschaft ist möglich-Frau, Geliebte, Freund sein

Höhen vermitteln und Tiefen bewußt leben

– Krisenbewältigung

– Strategien entwickeln, Lösungen finden (Geliebte, Scheidung, etc.)

– Neubeginn

– Aufbau der neuen Beziehung, Liebe füreinander – für immer festigen

Zu beziehen ist dieses Buch bei:

C. & G. Regenspurger
J.–Haydn–Gasse 33, A-2603 Felixdorf oder
per Telefon 02628 /63 731 DW 21 bzw. DW 12 per Fax.